UN CIELO DE ANDAR POR CASA

En cada fase de nuestra vida

Primera parte: La madurez no es cuestión de edad, sino de recorrido

Preciada Azancot y Antonio Gálvez

Colección Diálogos

Título Original:

Un cielo de andar por casa en cada fase de nuestra vida

Primera parte: La madurez no es cuestión de edad, sino de recorrido

Portada: Fotografía de cuadro al óleo "Los amantes de París", pintado por Preciada Azancot en 1985.

Primera edición, Tulga3000: Junio, 2013

Editado por: Tulga3000 Editores, S.L. – www.tulga3000.com

ISBN-13: 978-1490380933

Otros títulos editados por Tulga3000 Editores[1]:

COLECCIÓN LA CIENCIA:

"El MAT: Ciencia del Dirigente del Siglo XXI"

"El esplendor de lo humano"

"El Dirigente Civilizador"

"El Estratega Pacificador"

"Metametodología MAT de la Innovación y de la Creación"

COLECCIÓN EMOCIONAL:

"El Universo de la Seguridad: Hacer retroceder el Miedo"

"El Universo del Desarrollo: Eliminar la Tristeza"

"El Universo de la Justicia: Erradicar la Rabia"

"El Universo del Estatus: Conquistar el Orgullo"

"El Universo de la Pertenencia: Obtener el Amor"

"El Universo de la Plenitud: Instalarse en la Alegría"

"Sociópatas de cercanías"

CUENTOS:

"La niña que hacía reír a Dios"

"Cuentos de la abuela"

---

[1] *Algunos títulos se encuentran en proceso de edición en el momento de publicar el presente libro. Estarán todos disponibles a lo largo del año 2013.*

Índice

Prólogo del Editor

Desde el mismo momento en que somos concebidos, la ley natural que rige la evolución de lo vivo existente, nos posibilita –de conocerla y actuarla- el pleno desarrollo de nuestras capacidades y habilidades, ofreciéndonos, para cada edad, todo un universo, un amplísimo abanico de puertas que abrir y que conquistar, y permitiéndonos a lo largo de la vida, auparnos hacia cotas de mayor felicidad. Y esto, de manera universal y gratuita, para todos nosotros.

Entonces, ¿por qué hay tantos seres humanos desgraciados e inconformes? ¿Por qué hay tantas personas que pasan por la vida con futilidad, como quien pasa el rato? ¿Por qué tantos piensan que este mundo es un valle de lágrimas en el cual la plenitud es imposible y utópica? ¿Por qué hay tanta gente enfadada con la vida? ¿Por qué la indiferencia, la insensibilidad, la envidia, la competitividad, el desamor y el nihilismo pasota? Y por último, de vital importancia, ¿por qué la mayoría de nuestros ancianos no son felices porque sabios y sabios porque felices? ¿Y por qué cuando recordamos nuestra niñez, nos sentimos tantas veces perplejos, confundidos y desorientados cuando no amnésicos?

Después de cuarenta años de estudio, Preciada Azancot[1], escritora, pintora y creadora del MAT –Metamodelo de Análisis Transformacional-, ha dado con las sencillas y esenciales respuestas a tantos "por qué" y con ellas, nos brinda, amorosamente, las claves para una existencia plena.

Preciada ha seleccionado a Antonio Gálvez, su mejor alumno, su gran amigo y socio, como co-autor del libro después de la gratificante experiencia en la redacción conjunta del libro *"¡Sí, me indigno! ¿Y ahora qué?"* editado por la misma editorial que publica el presente libro. Antonio pondrá el contrapunto masculino de manera que entre ambos ilustren el universo completo del ser humano.

Seamos quien seamos, independientemente de nuestro sexo y de nuestra edad, ***"Un cielo de andar por casa – En cada fase de nuestra vida"*** nos desvelará la sencilla -porque esencial- ley natural de la vida humana: a cada edad su necesidad vital y esencial, insustituible si no se quieren tener graves carencias que nos hipotecarían la vida plena. Este libro nos permitirá situarnos, de modo orgánico y natural, donde de verdad nos corresponde estar, donde de verdad nos sentiremos realizados, para así ser felices y hacer más felices a los que nos rodean. Además, tendremos a nuestra disposición un mapa-guía para

---

[1] Nota del Editor (N.E.) Ver Wikipedia:
http://es.wikipedia.org/wiki/Preciada_Azancot

avanzar, siempre, hacia más verdad, hacia más felicidad, hacia un fluir más natural y coherente, en suma.

"Un cielo de andar por casa – En cada fase de nuestra vida", está escrito en forma de diálogo entre una mujer (Preciada) y un hombre (Antonio), pues, siendo ambos seres humanos, son muy distintos a lo largo de sus vidas y aun teniendo el mismo tipo de necesidades y de motivaciones, las realizan y colman de distintas maneras hasta que llega un punto en que se identifican mutuamente como Seres Humanos integrales, completos –en gran parte gracias al otro- y complementarios –porque socios existenciales y solidarios a lo largo de sus vidas-. Y, sobre todo, porque libres, auténticos e inocentes.

Este libro tiene como referencia y punto de partida la Teoría Omega[2], teoría psicológica desarrollada por Preciada Azancot que postula que el ser humano tiene, de manera innata, una serie de necesidades que cubrir y de motivaciones que colmar, y que éstas deben ser atendidas en un orden determinado.

Tras descubrir la ingeniería emocional y sensorial del ser humano, la creadora del MAT[3] – Metamodelo de Análisis Transfor-

---

[2] N.E. La Teoría Omega es un descubrimiento de Preciada Azancot, ampliamente descrito en su libro *"El esplendor de lo humano"*, ISBN 9788461311644.

[3] N.E. Para una completa exposición sobre el MAT, le referimos a la obra citada en 2.

macional- analiza las teorías existentes sobre la motivación humana y crea esta nueva teoría sobre motivación humana basada en dichos descubrimientos. Estos descubrimientos preliminares de Preciada Azancot, que conforman las bases del MAT, son:

1.- Que el ser humano tiene una estructura de seis dimensiones (y no de cuatro, como siempre hemos creído desde los griegos antiguos) muy especializadas, que le permiten desplegar todo su potencial y desenvolverse en el mundo en todas las facetas de lo humano:

    a. La primera subestructura nos sirve para poner límites a la invasión propia y ajena y así permitir que la vida pueda fluir armónica y segura para todos. Nos aporta la SEGURIDAD.

    b. La segunda subestructura es la responsable de las manifestaciones de nuestra mente e inteligencia. Es el más sofisticado computador: conserva, procesa y analiza datos de todo tipo (sonidos, ideas creadoras, instintos, creencias, sensaciones, emociones). Nos aporta el DESARROLLO.

    c. La tercera subestructura nos sirve para conectarnos con la realidad externa, descartar alucinaciones, mentiras y falsedades y reaccionar ante dicha realidad en el aquí y el ahora, a través de nuestros seis sentidos: vista, oído, tacto, gusto, olfato y sexo. Nos aporta JUSTICIA.

d. La cuarta subestructura nos sirve para permitirnos acceder al proceso de transformación y de creación: todos podemos ser creadores y crecer sin límite. Nos aporta ESTATUS real.

e. La quinta subestructura nos sirve para encontrar el punto de confluencia entre las personas para que la solidaridad y la colaboración nos permitan vivir con metas e intereses comunes y solidarios. Nos aporta PERTENENCIA.

f. La sexta subestructura nos sirve para ponernos en contacto con nuestra realidad psíquica, con el inconsciente personal, con el inconsciente colectivo y con la trascendencia. Confiere a nuestras vidas certezas de finalidad. Nos aporta PLENITUD.

2.- Que cada una de las seis dimensiones tiene asociada una única energía, también especializada, que es una de las seis emociones auténticas innatas:

a. El miedo, definido como la capacidad de estar alerta contra las amenazas a la integridad propia o ajena, para poner límites a la invasión.

b. La tristeza, definida como la sensibilidad a la pérdida de bienestar, para permitirnos encontrar mejores opciones y así sacar el máximo partido a nuestra inteligencia.

c. La rabia, definida como la energía para reaccionar y denunciar mentiras, agresiones y violaciones, para conectarnos con la realidad externa en el aquí y el ahora, limpiándola de tópicos y de valores trasnochados.

d. El orgullo, definido como la capacidad humana de crear, crecer y hacer crecer, para permitirnos acceder al proceso de creación, a la evolución permanente y al crecimiento civilizador.

e. El amor, definido como el arte de crear un espacio seguro en el cual cada uno será todo lo que nació para ser, para encontrar el punto de confluencia solidario y generoso con los más afines y complementarios.

f. La alegría, definida como la plenitud de fluir en paz y en libertad, para ponernos en contacto con nuestra realidad psíquica y encontrar más verdad y sabiduría universal.

3.- Que cada una de las seis dimensiones está asociada a su correspondiente sentido, que en el MAT son seis, siendo el sexo el sexto sentido, asociado a la dimensión de la plenitud y a la emoción alegría. Esto son, en el mismo orden y utilidad que en lo anteriormente expuesto: tacto, oído, olfato, gusto, vista y sexo.

Pues bien, la Teoría Omega muestra que, asociada a cada estructura y dimensión humana, existe una necesidad innata y que por tanto las necesidades innatas del ser humano son seis, jerárquicamente escalonadas, ya que cada una es la base de la siguiente. Estas son:

1.- Necesidad de seguridad

2.- Necesidad de desarrollo

3.- Necesidad de justicia

4.- Necesidad de dignidad

5.- Necesidad de pertenencia

6.- Necesidad de plenitud

Cuando funcionamos bien, cuando tenemos activadas nuestras seis subestructuras alimentadas por sus correspondientes emociones y conectadas a cada uno de nuestros sentidos relacionados, cada subestructura es capaz de cubrir la necesidad correspondiente y así podremos:

a) tener un funcionamiento integral y armónico.

b) mantener activadas y actualizadas todas nuestras posibilidades.

c) tener energía, vitalidad, salud y valores ecuánimes.

d) crecer real y armoniosamente, establemente, en un continuo de creación y de transformación civilizadora.

e) ser felices, sabios y plenos, siendo así un regalo para nuestro entorno.

Les presentamos en este libro la primera parte de la obra, correspondiente a la primera mitad del camino a recorrer por el ser humano.

Les deseamos una fructífera y reveladora lectura de esta obra apasionante.

Introducción

Este libro presenta la idea de que, además de lo citado en el Prólogo sobre la Teoría Omega, la vida del ser humano, para ser plena, debe ir evolucionando de acuerdo a las necesidades expuestas, y en ese orden preciso, pues es un orden orgánico, biológico, natural que nos lleva, con claridad y sencillez, a la autorrealización en plenitud:

- Desde el nacimiento y durante la primera niñez, el niño necesita sobre todo SEGURIDAD: saber quién es, verse reconocido y respetado en sus talentos especiales y defendido en sus vulnerabilidades, tener seguridad en quiénes son sus padres, su techo, sus horarios, en adquirir conciencia temprana de los límites que nadie puede franquear contra su integridad y que él, obviamente también ha de respetar para que la vida familiar y social fluya en armonía. Así desarrollará su ética, su armonía y su sutileza.

- Durante la segunda niñez y la adolescencia, necesita DESARROLLO: adquirir conocimientos, reflexión, información objetiva, comunicación motivadora, y también desarrollar al máximo su sensibilidad y su inteligencia para que pueda multiplicar opciones y ser menos dependiente, menos simbiótico, más autónomo. Así desarrollará su eficacia mental y su compasiva claridad.

- Durante la juventud, el ser humano necesita, más que nada, JUSTICIA, para aparcar tópicos trasnochados, valores y normas familiares y sociales, para establecer sus propios valores y pautas sociales, para elegir con quién y cómo quiere actuar su liderazgo personal y su sistema cultural. De este modo ya asumirá la responsabilidad de su propia vida, actual y futura, pues nadie se la habrá creado, ni impuesto. Así conservará su vitalidad, su lozanía, su espontaneidad, su salud física y aspirará a más ecuanimidad para sí y para toda la sociedad.

- Durante la madurez, un ser humano está ya preparado para la TRANSFORMACIÓN CREADORA y para dedicarse a su propia obra, empezando a hacer de su vida su obra de arte mayor. Y así poder dejar rastro y ser no sólo útil sino insustituible para sí y para su entorno. Accederá así a admirar y valorar lo que le supera, a asumir que cada cual es único e irrepetible, a privilegiar el talante civilizador y la evolución de su especie.

- Durante la vejez, su prioridad y su preparación ya lo facultan para lograr, y conservar la PERTENENCIA verdadera y allí se dará cuenta de que el amor de pareja es lo más insustituible, eterno, infinito y cálido para él y para los demás. Y extenderá ese amor dichoso y realizado a la desprendida gratitud hacia sus progenitores, a la protección de sus nietos y al disfrute de sus amigos, entre los cuales estarán sus hijos. Así afinará su valía conceptual, su altruismo y su generosidad solidaria.

- En la ancianidad, ya podrá acceder de verdad a la PLENITUD a través de la sabiduría verdadera, de la reconciliación incondicional con todo lo vivo, de la espiritualidad y si se mantuvo veraz y fiel a su naturaleza, también al refinamiento y exquisitez de la vida sexual con su pareja. Así será, a la vez, el niño eterno y el abuelo sabio que todos anhelan tener cerca, ofrendando a su entorno el puente entre el ayer y el mañana, en la serena sonrisa del hoy.

Como arranque, este libro analiza cómo seguimos actuando al revés, por qué esto es catastrófico para el ser humano y por qué persistir tópicamente en ello sólo nos conduce a la sociedad en crisis y presta a derrumbarse que todos padecemos hoy. Porque funcionar al revés de la ley natural, sólo nos lleva a edificar y perpetuar titanes de pies de barro, en nosotros y en nuestro entorno.

Con esta nueva y, creemos, revolucionaria visón, tendremos todos una alternativa más segura, inteligente y fácil que nos garantice la máxima plenitud posible en cada fase de nuestra vida.

Capítulo 1 - ¿La razón por la cual la vida sigue transcurriendo como un cliché?

Antonio: Querida amiga, tal y como confirmé contigo –pues quiero pensar que todos nos sentimos incómodos pero no nos atrevemos a confirmar nuestras sensaciones más profundas-, la sociedad en la que vivimos, cabe decir, la civilización en la que vivimos, nos hace funcionar durante toda la vida al revés de lo que las leyes naturales nos dictan desde todos nuestros sentidos. Y, tengamos la edad que tengamos, nos amoldamos al rol impuesto y colocamos a cada cual en el rol que se supone, no sé bien por quién, debería asumir. Según la edad que tengamos, nos encasillamos y encasillamos a los demás.

Quisiera aceptar tu invitación a que, entre los dos, analicemos tus descubrimientos del por qué de este sinsentido y, sobre todo, a que propongamos una nueva forma de proceder para que esta vida pueda convertirse, para todo ser humano que lo desee -independientemente de su edad, sexo, procedencia social y geográfica- en gozo, porque naturalmente vivida y para que cada cual, en su unicidad, pueda tener un mapa-guía que le ayude a conseguirlo.

Es un reto que ni soñaría en afrontar, pero contigo lo haría más que encantado. Más que encantado pues además de mi maestra, mi mejor amiga y mi socia del alma, eres una persona enormemente crecida y con muchísima claridad y sabiduría. Y más que encantado porque además de todo eso, eres una mujer maravillosa y es ahí, en la parte de mujer, donde se producirá también una complementariedad ideal para llegar a soluciones universales válidas para todos.

Preciada: Por supuesto, querido amigo, me encantaría que aceptaras mi invitación. No como Maestra. Pues me vería obligada a hacerte más preguntas y aquí quiero, al límite, ser sólo mujer y hablar emocionalmente con un hombre. Aparquemos lo demás, que sólo serviría para crear falsas distancias, pues creo que el mayor de los clichés que explicaría por sí sólo lo desnortados que estamos todos es el no ver al otro sexo como imprescindible, maravilloso y complementario, sino como un oponente, un contrincante. Y para empezar, te propongo que hasta olvidemos nuestros nombres, nacionalidad, color, edad, condición, formación y dialoguemos tú como sólo Hombre y yo como sólo Mujer.

Por supuesto, no es que nos erijamos en representantes ni en embajadores de la mitad de la raza humana cada uno de nosotros. No, es sólo que nos comprometamos a hacer todo lo que esté en nuestras manos para, a la vez, trascender nuestra pequeña e insignificante historia personal y al opuesto de esto también, considerar que las taras e insuficiencias que podríamos ver en otros miembros de nuestro género sexuado y que pensamos haber superado, puedan ser aún llagas dolorosas o peor aún, callos, que podrían volver a sangrar o a endurecerse más. Tampoco me gustaría hacerte esta invitación como amiga, pues buscaría darte la razón y borrarme; ni como socia, pues ni sé cómo terminará esta aventura, ni tan siquiera si tendrá alguna utilidad para otros. Tampoco aquí voy a expresarme como Maestra que te enseñó mis descubrimientos y te entrenó a manejarlos durante nueve años ya. Si me sirve a mí, como catarsis en mi rol de mujer, me doy por más que satisfecha.

Así, que lo primero que te quiero decir, aunque bien sea etimológicamente, Hombre, es que no te conozco y que te tengo miedo, y que ese miedo luego empieza a extenderse a mí, y me tengo miedo por tenerte miedo. Porque en tus ojos siempre creí ver esa acusación de ser yo la causa de mi miedo de ti. Y mejor me callo, pues sería lo prudente. O tal vez, también, imprudentemente arranqué por la –tal vez- causa de las causas de la inversión de ese orden natural o ley natural que también tengo miedo de estar traicionando, o, al menos, desconociendo.

Hombre: Bien empezamos, mi tan querida Preciada -a partir de ahora, y muy de acuerdo con tu propuesta de cómo nombrarnos, Mujer-. Muchas gracias por invitarme a este apasionante debate y por arrancar dando en el clavo; si no atacamos las causas en primer lugar, mal construiríamos algo.

Ese miedo al que te refieres puede venir de varias fuentes pero creo que, siempre, son fuentes sociales o culturales; por un lado, el miedo a lo diferente, que también comparto yo frente a la mujer. Por otro lado, el miedo al amor, al compromiso, a la entrega, que todos los seres humanos sentimos con mayor o menor intensidad pues, en general, y por razones culturales, no tenemos clara la base que lo amerita y por tanto, no estamos seguros de estar amando correctamente a lo correctamente amable. Y por otro lado, y respecto a la mujer, ¿no será también un miedo cerval, surgido porque el hombre es el causante de que la mujer pueda quedar embarazada? ¿Y no es cierto que el embarazo, la gestación, se vive en esta sociedad ante todo con miedo, como algo peligroso e incierto?

Quizás sea esta la primera causa de estar invirtiendo —como siempre has mostrado- esa ley natural a la que te refieres. Desde nuestra concepción y durante la gestación, la sociedad ya tuerce las cosas: Se toma el embarazo como algo peligroso, se trata a la gestante como una enferma a la que se debe llenar de mimos y cuidados cual impedida, no sólo físicamente, sino, también, ¡mentalmente!

La maravillosa vida que se está creando, es decir, el feto, es visto como una enorme responsabilidad por venir. Así que los padres, si quieren empezar a demostrar que serán buenos padres, deben estar, sobre todo, preocupados y asustados. Si no actúan así, se les tildará de "vivas la Virgen" irresponsables. Y si para el hombre es la mujer la responsable de este estado de preocupación y susto y para la mujer el hombre, ¿no perdurará ese miedo entre ambos a lo largo de sus vidas? Ese miedo durante la gestación, ¿no se transmitirá de alguna manera al feto y quedará ahí, anclado, para toda su vida? De esta manera, nos explicaríamos por una parte, el problema del miedo recíproco entre el hombre y la mujer y por otra, estaríamos viendo que ya, según estamos preparándonos para venir al Mundo, empezamos a funcionar mal por miedos impuestos desde afuera, ¿no te parece, Mujer?

Mujer: Esto que señalas sería más bien la consecuencia del miedo al otro y no la causa, pero sólo se podría demostrar esta hipótesis cerrando el círculo, al final de nuestro diálogo. Es pronto, creo yo, para decidir, Hombre, si el miedo es creado e impuesto desde afuera. Cuando tenemos miedo, lo sentimos adentro, desde adentro. La mujer, si hablamos del comienzo de la vida, del embarazo, siente temor ante todo, porque desde la maldición bíblica, fue acusada de pervertir al inocente hombre, cuando en realidad siente que, de ser así, sería más bien el hombre quien la puso como escudo, para echarle la culpa y lavarse las manos, y fundamenta esa acusación a quien la acusa, en el simple hecho, innegable éste, que el hombre es quien más busca el sexo, impunemente, y los resultados –si nos referimos al embarazo- recaen más sobre ella que sobre él. En el mejor de los casos, el hombre reconocerá a su hijo, pero se verá como normalidad que sea ella la que, no sólo lo lleve en su vientre, sino que se haga cargo del cuidado del bebé. Cuando excepcionalmente el hombre ayuda, todos se pasman y lo felicitan, pero cuando es la mujer quien ha de atender cosas que juzga más transcendentes e importantes aunque esto sea su propia salud, o su crecimiento o su obra si es que ésta fuera más importante o igual de importante que la de él, todos la verán como una pervertida, como un monstruo y como a una mala madre. Dime -si a eso se añade el mito de lo bien fundado de maldecir bíblicamente a la mujer con parir en el dolor- si cualquiera no se asustaría. Y la modernidad, las más veces suma dos o más responsabilidades en vez de dividirlas por dos: la mujer moderna ha de ser responsable de su carrera, de su trabajo. Y de su hogar. Y del cuidado de los niños. Y además, será su obligación estar guapa y deseable para que el hombre no la deje por otra más joven o menos abrumada.

Pero no creas, no, que esto es un manifiesto feminista, simplemente explico el miedo visto y sentido desde mi parte, la de la mujer.

Y ya que hablaste de inversión, de imposición, Hombre, yo creo que lo primero sería saber si ese miedo es real o si es creado, si es falso. Porque de ser real, habría que buscar defensas, seguridades, garantías para los dos, sobre todo, convendrás que más para la mujer. O, en todo caso, para el niño. Para el feto en este caso.

El derecho a abortar o a ser madre soltera ya es un gran avance; al menos pensando en mí, en la mujer, el poder decidir no tener a un hijo si representa una amenaza real, ni imponer al niño una vida que no habría elegido libremente, o el de decidir tenerlo sin ayuda física ni moral masculina, sí, es un progreso. Y sólo los curas que no conocen mujer, pues la tienen prohibida, tienen la temeridad y la osadía de creer que una mujer en su sano juicio podría usar el derecho al aborto como un método contraceptivo. Ponerse en peligro de muerte o de quedar estéril, por capricho o atolondramiento en vez de usar un preservativo o una píldora anticonceptiva sería una fantasía creada por hombres que culpan a la mujer de todo lo que te señalaba anteriormente. Son los mismos que tardaron siglos en admitir que yo tengo alma. Aún no me reconocen el tener espíritu, eso lo digo de paso, pues ¿dónde se ha visto a una mujer postulando para Papa, para alto sacerdote del Sanedrín o para Dalai Lama? Y yo creo que en un mundo, en una sociedad regida desde siempre por hombres machistas, la mujer debe sentir un legítimo miedo. Una enorme desconfianza y vulnerabilidad.

Diré una cosa más antes de invitarte a analizar si el miedo es legítimo, auténtico o no: yo presiento, veo venir, que el hombre ya está sin fuelle, sin energía, que ni él mismo se lo cree. Y que está tirando el guante a la mujer, a mí, para que le echemos un pulso y tomemos el relevo, para fabricar una sociedad regida por mujeres, una civilización de amazonas, y eso me da aún más miedo. Porque estaría abocada al mismo fracaso. Al mismo aterrador escenario, sólo que visto del otro lado del espejo. A mí no me sirve, Hombre. ¿A ti sí?

Hombre: Pues no. Tampoco me sirve. Y no lo digo por ponerme a la defensiva ni para salvaguardar una civilización machista, que no me gusta. Gracias por aterrizarme, Mujer, pues me escapé por la teórica, filosofando... Y antes de filosofar, mejor limpiar y desbrozar.

Entiendo tu miedo y es un miedo real. No cabe duda de que la sociedad en la que vivimos es tremendamente machista y para ilustrarlo, nada mejor que un chiste:

> *Entra una mujer en una biblioteca y pregunta en recepción.*
> *-"¿Derechos de la mujer?"*
> *-"Ciencia Ficción, última planta.".*

Pues así ha sido y sigue siendo. No hay mejores pruebas de ello que la necesidad de practicar la discriminación positiva, la existencia de una Ley de Igualdad que no se cumple –por ejemplo, en España, del objetivo de la Ley de que exista un mínimo del

40% de mujeres en Consejos de Administración, la realidad apunta a que escasamente supera el 10%, siendo del 12% en la Unión Europea-, y la cada vez más preocupante violencia de "género", llamada así para ocultar que es en realidad violencia del hombre contra la mujer.

Aterrizando más, te doy la razón en tu miedo a los roles asignados a la mujer en esta sociedad. Yo también tengo miedo por ser hombre, pues mi rol parece que sigue siendo el del cazador que debe llevar el sustento al hogar: al hombre no triunfador económicamente se le trata mucho peor que a la mujer en las mismas circunstancias. Y la sensación de paria y de inútil que percibo cuando no asumo este papel, por estar desempleado, por imposibilidad e incluso por elección propia en el caso de que asumiera que mi pareja, mi mujer, tuviese, como bien apuntabas antes, una obra que crear más importante que la mía, es como para poner los pelos de punta.

Y me da miedo también que en esta sociedad dominada por los hombres, se nos asigna un rol a cada cual que más que de hombres y de mujeres es de machos y de hembras y si te sales del rol seas rápidamente tachado de afeminado, flojito, sensiblero o débil -al hombre que no quiere ser macho- y de "mujer de pelo en pecho", prepotente, creída, "marisabidilla" o iluminada -a la mujer que no quiere ejercer de hembra-. Dicho lo cual, te doy la razón en que en una sociedad machista la mujer debe tener un miedo legítimo. Y si algo puedo aportar para defenderte de esas amenazas ciertas, aquí me tienes, Mujer.

Si, como presientes, vamos hacia una civilización de amazonas, simplemente habrá una torna de papeles y seguiríamos funcionando muy mal. Los miedos legítimos pasarían de las unas a los otros y las injusticias serían iguales pero a la inversa. Tiene tan poca gracia como convertir los chistes machistas en chistes feministas, ¿no crees? Aunque hay algunos chistes que no pueden voltearse ;-) *Dios creó al hombre y dijo: - "Realmente puedo hacerlo mejor." Entonces creó a la mujer.*

Mujer: ¡Zalamero! ¿Me estás ofreciendo protección a la vez que tiemblas de miedo? Muchas gracias de todas formas, caballero, y no atiendas demasiado a mi sonrisa traviesa. Pero como yo me siento muy mujer y creo que (casi) nada hembra, tengo la misma adoración por el hombre. Te diré que yo creo que Dios hizo un trabajo "repe", como dicen los niños que coleccionan cromos. En lo que a mí hace, por más que examino al hombre y a la mujer bajo microscopio, veo las mismas características hondas e internas. Y las diferencias que están a la vista –pues creo firmemente que las demás no existen- ¡me apasionan! Por eso mi miedo a la realidad actual, y no sólo actual, pues siempre fue así.

Ahora bien, de lo que se trata es de saber si ese miedo es auténtico o no, repito. Y propongo que examinemos si lo es o no, en relación al estímulo que -se supone- lo provoca. Todo lo que hemos descrito niega y limita, no sólo la integridad del ser, tanto del hombre como de la mujer, sino que invierte la verdad, pues en vez de que cada sexo vea al otro como su pasión, su complemento indispensable y su mayor deleite, lo ve como a un rival, a un contrincante, a un estorbo con quien relacionarse lo mínimo y de la forma más aséptica y plástica posible. De una forma tramposa y manipuladora: el poder del dominante contra el poder la víctima, que dan un resultado cero.

Porque, como mujer, yo sí que veo los abusos a los cuales, las mujeres hemos, de modo muy desaprensivo, sometido al hombre. Para empezar, creo que el maltrato psicológico es más propio de mujeres que de hombres. Si no fuera así, no morirían los más fuertes entre diez y cinco años antes que las mujeres. Luego, ese peso que significa el deber mantener a la familia; el dejar a la mujer reinar exageradamente en el lugar más íntimo y sagrado, el hogar; el no permitirle —ella cría al infante y al niño— mostrar emociones que calificamos de "femeninas", como lo son el llanto y el miedo y, también y sobre todo, el amor —pues muchas madres quieren ser "adoradas" como ídolos y prohíben al amor hacia otras mujeres a las que ven como competidoras más atractivas, y eso es absolutamente castrador, pues es la causa primera de impotencia y de eyaculación precoz en el varón—; el deber competir como en una jungla con sus colegas para lograr reconocimientos que son pura y deleznable soledad y provisio-

31

nalidad, el prohibirles vestirse con colores variados y alegres, y tantas otras cosas que habría que enumerar, me parece un regalo envenenado. Es como decirles: "*vosotros mandáis, a condición de renunciar a ser humanos y a disfrutar de vuestros logros, aquí sólo se trata de aparentar y de someterse al reparto de roles*", a cual más desolador y negador, entre hombre y mujer. Y si no fue directamente la mujer, sí podemos afirmar que esa cultura machista es, en demasiadas ocasiones, mantenida por la madre que educa a su hijo varón. Digamos que ésta, cuando no fue directamente la culpable de esos horrores, fue las más veces su cómplice y encubridora, la continuadora y guardiana de esos delitos.

Entonces puedo ver que sí viene al caso el miedo a esta cultura, a esta sociedad, a esta civilización antihumana. Y por ende, sentir miedo ante la llegada de otra víctima potencial, el bebé, sea éste de sexo masculino o femenino, sí que tendría fundamento.

Pero hay otro modo, más obvio aún, de verificar si ese miedo es o no auténtico y fundamentado: el ver a qué conduce. Porque si este miedo es real, nos conduce a levantar defensas, límites, leyes que nos garanticen más seguridad y armonía, al menos para no agravar el riesgo.

A continuación, llevaría a analizar qué causas tienen esos peligros y a idear soluciones posibilistas, racionales, para buscar remedios. Esto significa movilizar nuestra capacidad de racionalizar, pensar, analizar, debatir, para encontrar mejores opciones y en lo ideal, poder erradicar las causas de esta situación peligrosa y lamentable, pues amputa nuestra integridad de dos maneras complementarias y viciosas. Me refiero a que si este miedo es real, conduciría a la tristeza de deber pensar, trabajar, buscar opciones mejores.

Pero si no fuera real este miedo, respiraríamos con alivio y felicidad, es decir iríamos a la felicidad de habernos despertado de una fantasía apocalíptica o de una pesadilla que jamás podría representar amenaza alguna. ¿A ti qué te parece, Hombre? Me refiero, claro está, a la idoneidad del miedo, hoy por hoy, y desde que el ser humano está en esta tierra, no a lo que va a ser cuando evolucionemos, sino a lo que, aún, es.

Hombre: Pues me parece que tienes toda la razón. El miedo es real: por tu primer método, está claro que es una amenaza a nuestra integridad, la de todos, y por el segundo método, digamos que a mí no se me queda cuerpo de jota tras sentir el miedo, sino ganas de defendernos primero y de buscar opciones para solucionar el problema. Y si buscamos las opciones a dúo, mejor que a solas, pues ¿no es el diálogo y la comunicación parte esencial de esa búsqueda de soluciones posibilistas y racionales?

Mujer: Sí, Hombre, veo que estamos de acuerdo: da miedo "ser visto" como hombre o como mujer, sentirse macho o hembra, da miedo. Y si lo da ¿será que aún somos aún unos animales, pero situándonos por debajo de ellos? ¿Será que lo que nos distingue de ellos es que ellos sí asumen lo que les diferencia de una especie menos evolucionada -los vegetales- pero que nosotros no estamos lo suficientemente evolucionados como para asumir lo que nos distingue de los animales? Me explico: ¿Seguimos comportándonos como si fuéramos machos y hembras –notarás que pongo al hombre por delante y me conformo con el segundo puesto en la especie ☺- y no vemos la diferencia con ser humanos, es decir, no machos, sino Hombres y no hembras, sino Mujeres?

Y por otro lado, una vez percibido lo que hace la diferencia, el salto cuántico civilizador, o al menos evolutivo, con respecto a la especie animal, cabría preguntarse si hay "dimensiones" más favorecidas biológica y culturalmente en la mujer o en el hombre y si sí, cómo deberíamos asumirlas, cuidarlas y actuarlas para dar mejor cuenta de nuestro ser profundo y de nuestra inmensa responsabilidad en hacer de este mundo no sólo un lugar perfectible, sino más evolucionado. O mejor dicho: más evolucionando.

Porque si es "café para todos" y el "todo vale", en un mundo como éste, sí que el terror a reproducirse sería la emoción que "tocaría" y terminaríamos el diálogo antes de iniciarlo: decidiendo no concebir más desgraciados, no dar a luz más "muertes anunciadas", siendo nosotros los asesinos. Tener hijos, al límite, debería ser tipificado como delito en el código penal. ¿Qué creías, que por ser mujer no nací con la capacidad de ser conceptual y teórica ;-))? ¿Qué comienzo de respuestas tienes a estas dos preguntas? si es que te parecen importantes, claro está.

Hombre: Importantes son, Mujer, ya lo creo. Respecto a la primera pregunta, seguiremos comportándonos como machos y hembras -no te cedo el paso porque no procede ;-) – en tanto en cuanto no nos demos cuenta de que el sexo es un sentido, como bien descubres tú[4]. El sexo es el sexto sentido del que tanto se ha hablado y al que nunca se le había puesto lazo. Y en tanto en cuanto, además, y también según tus descubrimientos, no nos demos cuenta de que el sexo es el sentido relacionado con una subestructura del ser humano, el Orientador, que compartimos con todos los elementos, minerales, vegetales y animales y que es responsable de la plenitud y que se alimenta de una energía muy especializada, que es, según el MAT, la alegría, definida como "*la facultad innata de percibir y transmitir el fluir de la vida en ti y en tu entorno, con la sensación de placer pleno que ello*

---

[4] N.E. Para una descripción completa de los sentidos asociados a las emociones y a las estructuras, remitimos al lector a la obra "*El esplendor de lo humano*", ISBN 9788461311644.

produce. Es la satisfacción de ver incrementada, por acceso a verdades y logro de afectos y cosas sin manipulación, la seguridad de garantizar ese fluir. Es también el alivio de quitarte pesos muertos de encima y de recuperar tu estructura perfecta". Si a esto le sumamos que, según la Teoría Omega, a la alegría debe accederse desde el amor, llegamos a la conclusión de que el sexo es algo maravilloso que nos lleva al acceso al espíritu, que defines como "*el acceso a más verdad*" y que comportarse como machos y hembras no hace sino impedirnos algo tan bello y, más terrible, hacer un uso utilitario y de poder hacia el otro en lugar de acceder juntos a ese regalo.

Si a esto le añadimos que el ser humano se distingue de los animales en que es la única criatura capaz de admirar, la conclusión es que mientras no admiremos como lo más extraordinario del Mundo al sexo contrario, seguiremos siendo machos y hembras y no mujeres y hombres.

Sé, Mujer, que, con mucho atrevimiento, me he lanzado a poner sobre el tapete muchos conceptos muy novedosos, que a lo largo de nuestro diálogo iremos aclarando y dando sentido, pero son tus creaciones, tus criaturas, y no puedo dejar de admirar su belleza y de utilizarlas en mi argumentación por la potencia que tienen. (Y eso, porque estoy convencido de sus bondades y de su belleza.)

Respecto a la segunda pregunta, la de si hay "dimensiones" más favorecidas biológica y culturalmente en la mujer o en el hombre y si sí, cómo deberíamos asumirlas, cuidarlas y actuarlas, mi respuesta es que sí, que debe haberlas. Si me lo permites, y referenciándome a la introducción de esta obra, quisiera refrescarnos que el ser humano tiene seis dimensiones y seis necesidades y motivaciones que cubrir:

1.- Seguridad

2.- Desarrollo

3.- Justicia

4.- Dignidad

5.- Pertenencia

6.- Plenitud

Pues bien, a la vista de estas dimensiones, ¿cuáles crees tú, Mujer, que son más favorecidas en la mujer y cuáles en el hombre?

Mujer: ¡Hombre, muchas gracias por refrescarme la memoria sobre mis descubrimientos que tú formulas de manera tan elegante y bonita! Eres muy galante y agradecido, muy inteligente también, eso es casi una perogrullada recordarlo. Creo que has centrado bien el problema y de manera muy masculina ☺ ¡directo al sexo! Que por cierto, es evidente que es tan sólo un sentido -el más íntimo y personal- pues nos permite distinguir la verdad más alta, la del espíritu y la de la fusión que encuentra y reconoce su finalidad: la de ser uno sólo en dos y a la vez, agradecidamente diferenciados -de modo muy eficaz- en y por esta diferenciación, por cierto. Y tampoco está de más recordar que ese espíritu, esa verdad, esa alegría es lo que tenemos en común con los cuatro elementos de la Creación, con los vegetales y con los animales.

Hablemos de eso que llamas la capacidad de admirar y de valorar, este "plus" diferencial que nos hace distintos y superiores al reino animal: el orgullo creador y civilizador, el que más posibilita la evolución, la creación de civilizaciones más dignas y valiosas que las que dejamos atrás. Las que significan un salto cuántico con respecto al orden relativamente inferior que dejamos atrás, pero al cual debemos también estar agradecidos, pues sin ese orden anterior, sin esa evolución preliminar, no hubiéramos tenido un trampolín del cual saltar a una escala superior.

Y ya como especie humana: Sin la Judea de Moisés nunca hubiéramos podido saltar a la Grecia antigua y sin ella, jamás hubiéramos podido llegar al liberalismo democrático, y sin éste, nunca podríamos haber estado tú y yo cuestionando lo bien fundado de este mundo machista-hembrista y de sus valores. Nunca hubiéramos estado listos para saltar a una escala más evolucionada y más civilizada. Y tampoco podríamos tener la humildad de saber —y de ser felices por ello- que por más y mejor que saltemos a una escala creadora y civilizadora más valiosa, ésta se hará un día algo periclitado y muerto que habrá que abandonarse, saltando a una escala más alta y más valiosa, más esencial.

Y sí, ya me convencí de que los elementos tienen, todos, además de un Centro vacío y universal, responsable de nuestra evolución y que TODOS compartimos con nuestro Creador, alegría, sexo y espiritualidad, es decir: sentido y motivación de finalidad. Y van por parejas perfectas, el agua y la tierra; el aire y el fuego.

Los vegetales tienen además, mente, inteligencia, tristeza para resolver pérdidas y encontrar opciones mejores, para igualmente buscarse la vida y darnos esa vida compasivamente, sabiendo que al entrar y formar parte de nuestro cuerpo se convertirán en parte del ser más evolucionado de la Creación y terminar siendo eso: un ser humano vivo, gracias a su inteligente compasión.

Los animales tienen además, rabia, capacidad de reaccionar y de atacar, de elegir valores y formas de liderazgo para organizar su sociedad, y eso es precioso y nos da motivación para organizar también nosotros, una sociedad más culta, más justa. Al comerlos, se transforman en pura energía y fuerza vital para nuestro organismo, a la vez que nosotros les posibilitamos acceder a ser parte nuestra, más evolucionada que la original consumida. Por eso mí no me parece que ser vegetariano sea un plus civilizador.

Y nosotros, los humanos, tenemos –siempre además- capacidad de crear, de crecer, de civilizar, de dejar una obra artística o científica objetiva y bella, una huella, una estela cuando nos vamos de este mundo.

Sí, y admirar lo mejor de nosotros en el otro sexo, asumirlo como lo más maravilloso y valioso, es la actitud sana, inteligente y justa. Coherente, auténtica, digna y eficaz.

También es cierto que aparentemente, entre esos seis universos y sus funciones y motivaciones que tenemos y que me recuerdas aquí, hay tres más propias del macho y tres más propias de la hembra. Y digo bien, macho y hembra, no hombre y mujer.

Verás: la seguridad y el miedo, la rabia y la corporalidad, y el amor y la pertenencia son consustancialmente fáciles y "naturales en la hembra". Y me encantaría que tú lo ilustres con imágenes y ejemplos si tú también lo ves así.

El macho dispone más fácilmente, culturalmente y orgánicamente de la tristeza y de su inteligencia; de la capacidad creadora y de su orgullo; y de la alegría y de su finalidad de plenitud. Tanto por naturaleza innata como por hábito cultural y social, a cada sexo le es más fácil moverse en su propio triángulo respectivo y optar por el machismo y el hembrismo, negando esa trilogía al otro sexo, para sentirse indispensable y conformarse con una incómoda simbiosis entre dos mitades amputadas. Y esto sólo es, si lo piensas y nos lo cuentas, una opción fácil y sexista que lleva a todos los males que hemos estando describiendo y padeciendo en este debate.

Ser mujer en vez de hembra, consiste, en mi visión, en cuidar mucho y depurar las tres dimensiones de hembra –¡faltaría más que las despreciemos y nos avergonzaran!- y dedicarse en cuerpo y alma a consolidar, valorar, afinar en sí-misma, las tres dimensiones más fáciles en el hombre, para ser un ser completo, capaz de ser autónomo y libre y sobre todo capaz de valorar y de comunicar con su complemento orgánico, el hombre, ofreciéndole un espejo de lo mejor de sí. Y ser hombre es hacer lo mismo, obviamente, pero en lo suyo, claro está. ¿Cómo podrías describir un mundo así, Hombre? ¿Y cuál sería entonces la conducta, la disposición, la motivación, la emoción de decidir JUNTOS traer un bebé nuevecito a la vida?

Hombre: Vamos avanzando, Mujer, ¡y muy bien! Esta intervención tuya ya es un reflejo de una mujer ejerciendo de tal, es decir, potenciando la parte más fácilmente masculina del ser: ¡Inteligencia, orgullo de ser mujer y alegría de la buena de encontrar verdades!

Respecto a los universos "más fáciles en la hembra", y "más fáciles en el macho" estoy totalmente de acuerdo contigo y se debe a motivos tanto biológicos como culturales y sociales. En el ámbito de los tres "femeninos", está claro que respecto a la seguridad y al miedo hay muchas mujeres que se los apropian como suyos exclusivos. Partiendo de la estúpidamente célebre frase de que la mujer es "el descanso del guerrero", ésta, desde los tiempos más remotos, ha sido la encargada del hogar y de la protección y cuidado de los niños. Y de ahí, que suela adoptar siempre el rol de la que más se preocupa por la economía doméstica, la que está más pendiente de la salud, la que, en definitiva, vela por la seguridad y en muchas ocasiones, sobreprotege. Y en otro ámbito de la seguridad, también es la mujer la que suele ser más dulce, más suave, más respetuosa, la que muestra más tacto y es menos invasora.

Respecto a la rabia y a la corporalidad, fíjate si las "hembras" se han adueñado de la corporalidad que los grandísimos bailarines masculinos son casi todos afeminados, ¿para merecérselo por mérito propio? ¡Ganas tengo que surja un gran bailarín que sea muy hombre! Las mujeres son en general mucho más flexibles, esbeltas y coordinadas en sus movimientos, envejecen mucho mejor que los hombres y tienen un sentido de la justicia mucho más interiorizado. ¡Y pobre del que menosprecie a una mujer que parte en guerra!

Y por último, respecto al amor y a la pertenencia, qué decir. El amor es el ámbito de la mujer. En esta sociedad plagada de tópicos, el amor es a la mujer lo que el sexo al hombre, "consustancial". Si un hombre se muestra amoroso y tierno es enseguida tildado de flojito, "tiernín" y rápidamente, de afeminado. Sólo es respetado en cuanto al amor cuando cumple el papel de héroe sacrificado asignado dentro de lo que se conoce como el "amor cortés" o el "amor romántico".

Saltando a los universos del "macho", la inteligencia, el análisis, la racionalidad, siempre se han asociado al hombre en contraposición con la emocionalidad de la mujer y este ha sido uno de los más grandes crímenes contra la Humanidad que jamás se hayan perpetrado. No sólo, durante milenios, se ha renunciado a la aportación de millones de mujeres brillantes por el mero hecho de ser mujeres, sino que hay épocas en las que se las llegaba a asesinar ¡por ser inteligentes y brillantes! ¿No te pone la piel de gallina, Mujer? Ejemplo que tengo siempre presente es el asesinato brutal y cruel de la gran filósofa, matemática y astrónoma Hipatia a manos de cristianos…

Respecto a la capacidad creadora y el orgullo, ocurre algo muy similar a lo anterior; la mujer por ser mujer es inmediatamente desvalorizada y si no se consigue desvalorizar su creación por imposibilidad, seguro que se le tacha de loca, inestable e iluminada a la vez que repugnantemente se insinuará su frigidez y, o, su masculinidad. Aquí sí, el orgullo mal entendido, el orgullo

falso y engolado, el orgullo de gallito de feria, es muy "macho"…
☹

Y para acabar, la alegría y su finalidad, la plenitud, siempre ha estado en manos de los hombres. Además de lo ya apuntado sobre el sexo, al hombre es al que se le permite jugar y divertirse con la tonta excusa de "que son como niños". Y respecto a la alegría más elevada, la espiritualidad, muchos son los hombres y muy pocas las mujeres que han sido reconocidas como grandes figuras espirituales. Y esto vuelve a ser otro crimen contra la Humanidad. Y el haber impedido a la mujer el acceso a cualquier papel representante de cualquiera de las religiones existentes y pasadas -sin entrar en este momento sobre nuestra postura respecto a las religiones- es la mayor prueba de la imbecilidad machista imperante. ¿Acaso Dios es Hombre? Peor, ¿acaso Dios es Macho y por eso debe ser macho quien con él interceda? Perdona Mujer esta reflexión, porque produce ganas de vomitar. Pero prefiero vomitar este veneno y limpiar mi malherido espíritu antes de seguir conversando contigo, porque si no, no podría mirarte a los ojos sin avergonzarme de mi sexo.

Si en lugar de todo lo anteriormente descrito, la mujer es mujer –cuidando y potenciando su parte masculina sin olvidar la femenina- y el hombre es hombre –cuidando y potenciando su parte femenina sin olvidar la masculina-, el Mundo sería, definitivamente, bello: Mujeres y hombres, seres humanos autónomos y libres, seguros y fiables, inteligentes, justos, creadores, amorosos y felices que se complementan el uno al otro y cuya felicidad conjunta no es suma sino multiplicación. En esas circunstancias, el amor mutuo lleva al anhelo del milagro de la vida, al deseo de traer una nueva vida aquí y ahora y de asistir y participar, embriagados y agradecidos, a lo más bello imaginable: Traer un nuevo ser humano, "nuevecito" como muy bien dices, inmaculado y puro, con todo su potencial por desplegar.

Así sí, Mujer, ¿no crees? Así sí que uno quiere tener hijos. Y una vez se decide y se quiere tenerlos, viene una nueva etapa que es la gestación. Una etapa donde la mujer tiene un papel mucho más importante que el hombre, pues será en su seno donde se produzca ese milagro que es una nueva vida. ¿Quisieras tú, Mujer, desde tu perspectiva de mujer y de madre, comenzar a analizar las edades del ser humano por esta primera etapa, tan desconocida como determinante?

Mujer: ¿Con un paladín como tú, y de una causa ganada, quién sería la tonta que pudiera negarse a hacer equipo contigo? Sobre todo que acepto, aún más maravillada, desde la perspectiva de abuela múltiple y casi mejor aún, desde la perspectiva de "madrina" de algunos bebés a quien pude modestamente ayudar a venir al mundo, como ayudante de sus madres gestantes, más enteros y completos que otros niños.

¡Y estás demostrando que eres un Hombre, y que deseas ser un hombre cada vez más completo y no un macho, pues preservas, del pseudo "patrimonio" del varón, la inteligencia, clara, extra-sensible y compasiva en tú caso, cultivas honestamente la capacidad y potencia de crecer, de crear, y de admirar más que nada lo que debería ser objetivamente admirable; y también sientes curiosidad por la alegría, y veneras el encuentro gozoso de finalidades y de espiritualidad cuanto lo percibes en lo ajeno, así como disfrutas de la inclinación por homenajear el sexo y la felicidad. Estas virtudes -y sabes que me paso de objetiva y jamás podría ser sospechada de aduladora- innegables y que saltan a la vista, son superadas, y no sólo igualadas, por tus virtudes supuestamente femeninas: eres lo más seguro, fiable y respetuoso, armónico y delicado que soñar se pueda, eres guapo, juvenil, elástico, vital y más que a nada odias la mentira y la denuncias sin ningún temor, proponiendo siempre valores culturales más altos. Y ¿qué decir de tu sentido de pertenencia a los mejores, de tu apasionada capacidad amatoria, de tu benevolencia? Fuiste, eres y serás mi mejor amigo y el ser humano en quien más confío en este mundo. Y todo ello por mérito propio.

El hombre completo muestra -con esa naturalidad y humildad que es sólo patrimonio de los más grandes- todo el esplendor y la inteligencia que nace del corazón y entiende, no en su cerebro sólo, sino en toda su carne con vocación de astralidad, que somos UNO y diferente, uno y único, y que para eso basta amar lo que aparentemente nos es más difícil asumir y conquistar para, en cuanto lo hacemos, descubrir que lo tenemos adentro y que sólo basta con asumirlo con dignidad para, borrándose ante el otro, ofrecérselo generosamente, con el fin de que eso mismo se multiplique, florezca y crezca adentro, para maravilla de todos los que asisten a ello. A eso también lo llamo proceso de auto-concepción-gestación. ¡Y a eso vamos, a la etapa vital de gestación!

Capítulo 2 – La gestación: El milagro cotidiano

Mujer: Recuerdo mi primer embarazo. Me había casado, muy enamorada y muy virgen, un mes antes. Sólo tenía 19 años recién cumplidos. Y lo que más deseaba en el mundo era dar un hijo a mi esposo, un bebé igualito a él. Lo veía como una continuidad y como casi la prueba -la materialización de mi amor por mi amado- de la fe en ese futuro juntos "hasta que la muerte nos separe" que me había jurado a mí misma al convertirme en su esposa. Lo veía varón, como la encarnación, la materialización de la felicidad que nacía de ese amor que profesaba a mi hombre, y como la ofrenda suprema a la vida y a mi Creador; como mi gratitud hacia Él que ya me había dado todo lo que soñaba abarcar. Lo veía como la máxima felicidad, el regalo supremo, no sólo mío, sino de todos. Y quedé enseguida embarazada.

Mi hijo mayor nació diez meses después de nuestro enlace. Pero aun sintiendo todo lo que te describo, no tenía ni idea, ni asomo de atisbo de la plenitud que sentí y no sólo en mi cuerpo, durante los nueve meses y 14 días que duró la gestación de nuestro bebé.

No, no se puede explicar esa dicha cotidiana y siempre cambiante, esa potencia que te confiere, no el orgullo de procrear – ¡qué ridiculez! ¿acaso somos los creadores de un ser humano?- sino el sentir que mi cuerpo es tan perfecto como para dejar crearse dentro de ti el mayor de los milagros: no sólo la vida en general -lo que a cada instante se está produciendo en cada creación mineral, vegetal, animal o humana-, sino UNA vida bien definida, única, libre, absolutamente diferenciada e independiente de ti, y que eres capaz de nutrir, de escuchar, de atender, sí, por supuesto, pero más que eso, capaz de sentir crecer, ser, cambiar, comunicar, reaccionar, elegir quedarse conmigo día y noche. Y en sueños también. **Gestar es tener el DON DE UBICUIDAD como normalidad diaria**. ¿Eso no es acaso motivo suficiente como para arrodillarse de gratitud y de dicha? Y me pregunto: ¿cómo se puede vivir esa dimensión sagrada en este mundo y durante al menos 270 días con sus noches, y no tomar conciencia de ello?

"Inaudito y milagroso": son las dos palabras que mejor expresan esa vivencia. Estar radiante de felicidad hora tras hora, día tras noche, y ver en tu entorno esa alegría, esa celebración, esa fe en que todo saldrá bien, pues nada hay más natural y excepcionalmente portentoso a la vez. Sí, eso es lo que, no sólo recuerdo, sino lo que revivo en su plena intensidad cuando pienso en ello. Y ya, por extensión, cada vez que veo una mujer o un animal gestante. O un capullo de flor o de fruta, anunciarse.

Y esa alegría –ninguna mujer verdadera te dirá lo contrario- jamás es sentida como un privilegio excluyente de la hembra, sino al revés, como un regalo de amor, de la Vida primero, de su hombre a continuación, y del bebé-feto después. Pues sientes que está dentro de ti porque te ama, no porque te necesita, sino porque elije estar, crecer, ser, vivir, en el bienestar que le da tu alegría de saberlo a él en ti; que él te devuelve multiplicada.

Te cuento esto sólo para arrancar. Porque hay muchísimos temas más sobre la gestación, que quisiera tocar contigo. ¿Tú, Hombre, cómo recuerdas la gestación de tu primer bebé?

Hombre: ¡Qué bonito lo que me cuentas, Mujer! La verdad es que el proceso de la gestación, desde mi punto de vista, es todo un reto al narcisismo, a la egolatría, al egoísmo, a la soberbia y a todos los males que aquejan a nuestra sociedad. Si en el proceso de la gestación no desaparecen todos esos males de nosotros, los futuros padres, es que de alguna manera nos gustan y no queremos soltarlos.

Yo recuerdo la gestación de mi primer bebé como lo más extraordinario que me había pasado en la vida y a día de hoy, trece años después, sigue siendo uno de mis mejores y más maravillosos recuerdos.

¿Te había contado alguna vez que yo quería ser padre desde que tuve catorce años? Pues sí. Fue en un viaje de estudios a Estados Unidos, donde me enamoré locamente de una preciosa y dulce chica rubia, Sheila, que contaba con diecisiete años y que me correspondió. Era tal mi enamoramiento con aquella muchacha que me dije que tener un hijo fruto de aquel amor debía ser el súmmum de la dicha... Desde entonces, cada vez que me he enamorado de una mujer, mi deseo de tener un hijo con ella ha sido inmediato -debo decirte que, gracias a Dios, me he enamorado muy pocas veces en esta vida...-, creo que por carnalizar ese amor de una manera externa, por el deseo de que el amor fuese más allá, se transformara en plenitud de vida independiente y libre.

Volviendo a mi primer bebé, y con los antecedentes dichos, fue deseado por mí durante quince largos años, desde los dieciocho, momento en el que me enamoré de mi primera mujer, hasta los treinta y tres, momento en el que ella se quedó embarazada. Desde el mismo momento en que supe la noticia, tuve la sensación de que mi vida recobraba todo su sentido, de que mi vida empezaría entonces, como padre y que ése sería el papel de mi vida. Es éste un rol que me encanta, que me parece todo un reto, y que es de lo más bonito que se pueda disfrutar en la vida aunque, trece años después, sé que no es "el papel de mi vida", sino uno de los más importantes.

También durante la gestación, pues como padre, comulgo con la alegría de una nueva vida y con el milagro de que de dos células se fusionen y desde entonces, surja un nuevo ser que primero es cigoto, luego es mórula, luego es blástula, luego es gástrula,... Pero siempre es SER, ya único e irrepetible. ¡Yo me pasmo y me maravillo! Más, con las decisiones que ese ser va tomando desde que existe, desde el mismo momento en que decide vivir y ser. Las últimas y más punteras investigaciones sobre la materia, entre las que cabe destacar las tuyas, querida, apuntan a que son las decisiones más trascendentes e importantes que debe tomar un ser humano en toda su existencia.

Como padre, viví la gestación de mi primer bebé, en mi caso, una niña, con toda esa magia presente, pendiente en todo momento de que el equipo madre-feto estuviese en paz, pudiese hacer su trabajo en armonía. Luego ocurre que el equipo puede o no estar trabajando en paz y armonía, puede ser que la madre no se encuentre con las emociones y sentimientos correctos, puede ser que lo que yo veía como un regalo fuese visto como un deber cumplido, como una obligación social, como un motivo de orgullo, como un paso necesario, pero eso forma parte de otra historia, ¿no crees, Mujer?

Mujer: Me alegra -nunca mejor dicho, pues esta es la emoción que el orden natural nos regala: la ALEGRÍA de la concepción y de la gestación- sobremanera que compartas ese sentido del milagro ante algo tan portentoso y NATURAL como lo es la concepción y la gestación. Y es porque es natural, que es aún más milagrosa, maravillosa y por lo que la gratitud y el compromiso hacia la ley natural y su orden deben ser, de hecho, lo único casi-sagrado – a nivel individual y social- en esta etapa de la vida humana.

El progenitor que se vea como creador o ni siquiera colaborador de este portento, va listo, pues sería un cretino integral, y por ende, mala persona y lo sería evidentemente por malas razones. Lo que no significa, muy por el contrario, que haya que hacer del bebé un ídolo ante quien prosternarse, pues si nosotros hemos de tener la gratitud y su alegría como sentimientos dominantes, el feto lo debe tener aún más y no sólo hacia sus padres, sino hacia el Universo. Pues el no hacerlo así sería elegir en las etapas más decisivas, el desorden y el ego incipiente. Sería optar por el primer paso hacia la psicopatía. Yo creo que la alegría es ante todo libertad, y que esa libertad es el germen de toda la Creación, pues ésta es siempre buena y su orden natural también. ¿Cuál es tu visión sobre esto?

Pero desearía ante todo, si me lo aceptas, organizar mejor este intercambio nuestro, y proponerte dos grandes apartados: uno sería el sentimiento, conducta y actitud de los padres, que serán en definitiva los que tendrán más obligaciones y responsabilidad sobre el feto primero, sobre sus cuidados cuando ya sea bebé y niño, después. Y muy diferente –o no- es la emoción, conducta, valores y creencias del entorno de la gestante. ¿Deben ser los mismos? ¿Y por qué?

En segundo lugar, y dentro de la gestación misma, hay temas escalonados y secuenciales que creo deberíamos tratar, analizar, examinar de modo muy meditado: está la concepción en sí y lo que nos enseña, luego está el desarrollo intrauterino de un feto en sus etapas y lo que podemos aprender de él y de cómo ayudarlo, tanto los padres como la sociedad.

En tercer lugar, está un tema aún más importante: si damos con la emoción correcta, ésta se convierte en base inequívoca, casi mecánica, de la siguiente. Así, una convicción y vivencia llevará a otra, para dar con las motivaciones fundamentales en cada edad del ser humano. Y eso ya conforma los grandes valores de una civilización, de un entorno, de una sociedad. Me explico: ¿Cuál es la emoción que toca y por qué llevaría a otra como su gestante, si es que acaso –yo lo tengo más que comprobado, pero sigo abierta a asumir mi error si lo hubiera-, una creencia o emoción es la gestante de otra y arrastra sus naturales creencias y valores? En la sociedad en la que vivimos hoy por hoy, en una fase tan incipiente de nuestra evolución humana, ¿lo estamos haciendo bien o mal? ¿Y cuál es la consecuencia?

Seguro que otros temas surgirán a lo largo de este diálogo sobre la gestación, pero mientras tanto ya tendríamos algunos temas importantes para ir avanzando. Seguro también que has pensado en algunos aspectos importantes que se me pasan aquí. ¿Me los dirás, para que los añadamos a esta agenda informal?

Sobre la concepción, en lo que a mí hace, lo esencial que veo en ella —y eso confirma lo bien fundado de nuestra visión de la complementariedad gozosa y maravillosa hombre-mujer- es que hay fusión y también fisión entre lo más masculino, fruto del esperma, y lo más femenino, el óvulo, sin lo cual NADA podría existir y la vida de este planeta se secaría, sería exterminada. Y si para SER lo que sea —yo afirmo que hasta un simple elemento, por lo demás nada simple- es necesario SER UNO en dos y opuestos, ¿a qué barbarie nos arrastra negarlo y mantener creencias suicidas y homicidas, es decir, feministas o machistas?

Hombre: Perfecto tu planteamiento. Así haremos. Respecto a mi visión sobre la alegría y la libertad, está en total consonancia con la tuya. Las madres —aún peor si son los padres- que creen que son los creadores de sus hijos me producen pánico. Los que además, por ello se creen encima que tienen derechos adquiridos sobre sus hijos, como si de una propiedad se tratase, ¡indignación! ¿Se creen acaso dioses? Diosecillos patéticos si es que llegan... Unos padres que, ante la concepción, no sientan

tan sólo gratitud, y mucha, por el milagro que les toca vivir, no serán buenos padres, creo.

En otro orden de cosas, me parece fantástica tu propuesta de la organización de cada etapa de edad con el análisis de los padres primero y del entorno después. Entiendo que incluimos al protagonista de nuestra historia en tercer lugar, en este caso al feto. En lo que atañe a la gestación, pienso que ya lo hemos analizado y la conclusión es que la alegría debería ser la emoción dominante tanto en los padres como en el entorno como en el feto, como muy bien apuntabas. No una alegría loca ni desmedida, sino una alegría verdadera, una alegría como la hemos definido.

Dentro de la gestación, la primera etapa, el momento mismo de la concepción me parece maravilloso y mucho más espiritual de lo que habitualmente se dice que se siente o se cree. Con mis dos primeros hijos no lo sentí pero, con los dos segundos, sé con certeza cuándo se produjo la concepción. ¿Fruto de mi mayor crecimiento y por ende, una mayor espiritualidad? ¿Fruto de una unión más completa? No lo sé, quizás fruto de todo ello. Pero en ambas ocasiones, supe que estaba en camino una nueva vida: sentí una felicidad distinta, con mucha más carga de finalidad, de vida, de trascendencia. Aunque sinceramente, creo que eso es lo que hay que sentir cada vez que se hace bien el amor con tu pareja, así que ¡anda que no me quedará por aprender!

Una vez se produce la concepción, surge el cigoto y a partir de ahí se desencadena el proceso de transformación que dura alrededor de unas ocho semanas hasta que podemos denominar feto a la nueva vida que viene. La sola aparición del cigoto ya es un auténtico milagro y un canto a la vida, y todo el desarrollo embrionario desde el cigoto hasta el feto es uno de los procesos de transformación más extraordinarios que existe. De hecho, una demostración de lo perfecta que es la naturaleza, es la similitud formal de este proceso en todos los animales, común a todos ellos hasta la formación de la gástrula, ¡incluyendo los pólipos de coral y las medusas!, llegando a ser muy similar en todos los animales vertebrados hasta las últimas etapas de la fase em- brionaria. Que un ser humano pueda llevar todas sus estructuras y toda la información necesaria para llegar a todo su potencial sin que al microscopio lo podamos distinguir de una futura estre- lla marina es como para no dejar de estar maravillado ni para dormir, ¿no crees, querida?

¿Qué siente una madre cuando esto ocurre? ¿Cómo lo vive una mujer? ¿Percibe el embarazo muy tempranamente? ¿Existen acciones o actitudes de una madre que podrían favorecer o en- torpecer ese milagro? Queridísima, disculpa por tanta pregunta. Me encantaría saber cómo entiendes tú, Mujer, que ocurren es- tas cosas, tanto en tu rol de madre como de científica.

Mujer: Como mujer, Hombre, no creo sorprenderte si te digo que viví y viviría la gestación exactamente como lo acabas de describir en tu caso. Tal vez con un sentido de compromiso y de entrega a más largo plazo que lo que acabas de mostrar en tu relato, porque es posible que, como la mujer tiene ya grabado en sus genes la duración mínima del embarazo, de la lactancia, del cuidado del hijo y en ciertas culturas más matriarcales hasta la transmisión de la legitimación de identidad grupal, ella esté culturalmente más preparada para la permanencia que para la fugacidad. Pero cuando digo que lo tiene grabado en los genes, no me refiero a su naturaleza intrínseca, de la cual ya hablamos, me refiero a que los valores, mitos, ideas, transmitidos de generación en generación se graban en la carga genética. Jung hablaba de memoria colectiva y de arquetipos colectivos que por ser considerados "sagrados" y superiores a nosotros, nos dan una manera de sentirlos con una gran carga emocional y de arrebato "religioso" que él llamaba Numen. Pero todo eso es sólo congelación –desde mi punto de vista- de mitos falsos e idolátricos que son como trombos en nuestra psique y a los cuales reaccionamos con una falsa e insensata exagerada emocionalidad. Cuando estamos en contacto con un arquetipo colectivo, como el de la Gran Madre, nos sentimos "como dioses" o, al menos, como sus sacerdotes altos. En realidad esos trombos en nuestro sentido de orientación espiritual –pues son sólo eso- están allí para ser diluidos y eliminados, para ser disueltos y así poder recuperar algo realmente más sagrado, que es la sensatez del orden natural que ha de fluir en verdad y en libertad. Para así acceder a más plenitud. A una plenitud resultante del apasionado amor de pareja en la respetuosa y agradecida gratitud recíproca.

Como científica –también, pues lo anteriormente dicho es pura ciencia- me maravillo de la evolución imparable y perfecta que está inscrita en nuestra naturaleza –ella sí- de ser humanos. Lo que me confirmas con los pre-fetos de medusas, de estrellas marinas o de focas, en todo idénticos a los nuestros al inicio de gestación del humano, me remite a lo que te decía anteriormente: la naturaleza es igual a sí misma, es UNA y en permanente evolución, saltando en sí en escalas de perfeccionamiento secuencial que originan mutaciones cada vez más sofisticadas y perfectas. El elemento, cualquiera de los cuatro elementos –aire y fuego, tierra y agua- son ya prodigios, y, de mutación en mutación, terminan por engendrar –exactamente como en el proceso de gestación humana- una dimensión más y así nace el reino vegetal, el cual también se perfecciona, se perpetúa y salta a una dimensión más, generando el género animal, el cual también evoluciona y accede a más dimensión creadora y así nacen los humanos, y nosotros también, de perfeccionamiento en mutación, engendraremos seres más evolucionados e inmortales, más perfectos y astrales. Y todo esto en esta Tierra (lo que no impide la existencia de multiversos accesibles tras la muerte). Mis conclusiones no niegan ni las teorías evolucionistas ni las creacionistas, pues muestran un DESIGNIO perfecto en EVOLUCIÓN perfectible. Y en evolución siempre hacia mejor; porque ambos –el designio y la evolución– son PERFECTOS. Por eso hay leyes, busco LEYES que nos revelen cómo funciona lo natural y por qué. Pero, sobre todo, para qué.

Por eso, estar co-conscientes de la alegría pura, de esa paz interior repleta de certezas de un mundo mejor, que nosotros mismos estamos gestando y construyendo a partir de un nivel de conciencia plácida y placentera guiada por nuestro mundo interior, es el primer placer y regalo para padres y fetos. Si no, torcemos todo con malas elecciones EGOTISTAS –que también egoístas- que son pura necedad soberbia y limitadora, la cual, por lo demás, es sólo una tentativa -infructuosa siempre-, de frenar patéticamente y contra natura, nuestra inteligencia, aún incipiente. Pues siempre son más numerosos los sanos que los enfermos, y la Creación seguirá evolucionando.

Además ese creerse el centro de las decisiones existenciales de la Humanidad, es también cómico. En el supuesto caso muy teórico y tonto de que la raza humana fuera destruida, volvería a renacer, a recrearse desde lo animal, o si también éste desapareciera, desde lo vegetal, y si ésta flora se extinguiera, desde lo elemental, y si éste se negara a sí mismo, desde ese designio al que ni siquiera pongo mayúsculas, pues es más natural, feliz y pleno que todo lo que podríamos lograr alcanzar en la eternidad

–sin mayúsculas tampoco. ¿Ves, Hombre? no pasa nada, nunca pasa nada, pues no estamos haciendo un favor a nadie poniendo el mundo al derecho, sólo a nosotros, en el placer y plenitud, en la paz que sacamos de ello. Y a eso se le llama serenidad, que es hija de la plenitud.

Y también, como tú sabes, ya demostré algo muy portentoso que certifica que esta visión mía es absolutamente objetiva y no mística o religiosa –ya conoces mi natural antipatía por esas dos desviaciones y trombos de la alegría pura-: y es que el feto accede, sin él buscarlo ni crearlo, siempre y cuando permanezca en él el deseo, la gratitud de vivir y la humildad e inteligencia de borrarse ante lo que lo supera, a lo que llamé Megaestructuras - pues lo son- mucho más potentes y complejas que la estructura básica que mencionamos al introducir este animado debate. Sí, y esas Megaestructuras son imposibles de recuperar si antes no ponemos en orden la estructura básica de la cual nos ocupamos hoy.

Naturalmente, la capacidad de mutar, de evolucionar, de acceder en el aquí y el ahora a **"un cielo de andar por casa"** como me gusta llamarlo, está en el rescate de dichas Megaestructuras. Y saber, cuando estamos embarazados, que nuestro feto sí está en contacto con ellas, sí está viviendo en ellas, sí está usándolas con desparpajo y con lúdico ingenio, es como ser la Virgen María y José ¿no?, pues ese mito también salió de esa preciosa y cotidiana normalidad. Ya ves que Navidad es todos los días y está en cada rincón, en escala y dimensión de la creación.

Así que mi conclusión definitiva es indiscutiblemente que la alegría agradecida y pura debería ser, a menos de estar insanos, la única emoción natural y auténtica de todos, tanto de los padres como del entorno, incluyendo a todos los géneros de la Creación en evolución. Y qué decir del feto sino que alegría ya se convierte en Aleluya al estar usando sus propias Megaestructuras a la vez que está calentito, flotando beatíficamente y sin horarios laborales en el regazo uterino de la madre.

Y, como ya te dije sobre que una emoción, cuando es auténtica, es la gestante natural de otra, dime, Hombre aliado, si la emoción natural de la gestación fuese el miedo como parece perpetuar la sociedad hasta hoy ¿a qué otra llevaría y de cuál procedería? pues, lo creas o no, estamos ya franqueando y terminando de mostrar el segundo escalafón en la escala de las edades del ser.

Primero fue el encuentro inevitable hombre mujer, luego la gestación ¿o no? Y si la emoción auténtica, es decir eficaz, es la alegría, como ambos mantenemos ¿de cuál procedería y cuál otra estará gestando para que la evolución inscrita en nuestra naturaleza para vivir y entregar al recién nacido, sea más placentera, rápida y eficaz?

Hombre: ¡Guau, Mujer! ¡Qué intenso y profundo es tu pensar! ¡Y qué sencillo y natural resuena! Me maravilla esa capacidad tuya de llegar a lo más hondo y a lo más elevado de manera tan poco enrevesada, tan limpia y clara. ¡Gracias!

Entrando en las emociones y en si existe algún tipo de secuencia, supongamos que el miedo fuera, como propugna nuestra sociedad, la emoción a sentir ante la gestación. Inevitablemente, este miedo se transformaría en alegría cuando, nunca mejor dicho, "nos quitemos ese peso de encima". Es decir, acabado el proceso de gestación, acabado el miedo, llegaría el alivio. No habría necesidad de, como decías en el primer capítulo, levantar defensas y límites que nos garanticen más seguridad y armonía, pues el motivo de miedo cesa. Bajo esta hipótesis, el bebé y luego niño, será tratado como un regalo del cielo al que no hay más que adorar y con el que jugar como el más bello de los juguetes.

Y, ¿de dónde procedería ese miedo? ¿qué se debería sentir inmediatamente antes de la gestación para acabar en el miedo durante la misma? Supongo que la inevitabilidad de ser padres, el creer, con pesar, que toca madurar y procrear antes de que "se nos pase el arroz". El tomar conciencia, con tristeza, del paso del tiempo, y de que nuestra hora de vivir alegremente se acaba para pasar a una madurez responsable que debe tener hijos, cuidarlos, educarlos, alimentarlos. En definitiva, habría que abrumarse un poco y dejarse vencer por el sentimiento de inevitabilidad para dar el paso hacia el abismo, ¿no te parece?

En el otro caso que planteas, si la emoción auténtica, es decir eficaz, es la alegría como ambos mantenemos, ésta procedería del amor de la pareja, que quiere ir un paso más allá del amor y que, con gratitud, quiere ser partícipe del milagro de la vida. Esa sería una gestación vivida tal y como describes que has vivido las tuyas, en el gozo y la gratitud.

Y esa alegría que se siente durante la gestación, una vez llegado el bebé al mundo, nos impelerá a querer mantenerla, a asegurar que puede ir a más, así que naturalmente nos llevará a buscar seguridad y armonía para el recién nacido y su entorno, a defenderle y defendernos de los desórdenes y amenazas. Como muy bien apuntabas en el capítulo primero, esto es tarea del miedo. Ese miedo auténtico que nos mantiene alerta de cualquier indicio amenazante para la integridad tanto física como psicológica de nuestro recién nacido.

Es más natural, más orgánico, este proceso que nos lleva del amor de pareja a la alegría de la concepción y de la gestación y que desemboca en la búsqueda de la seguridad para el bebé a través del miedo, frente al otro proceso que, partiendo de la tristeza de que ·nos toca", nos lleva al miedo durante la gestación para acabar en la alegría de que ya pasó, ¿no crees, Mujer?

Mujer: ¡Por supuesto, Hombre! ¡Ni que se tratara de una enfermedad o de una escalofriante prueba iniciática de esas que ponen los malos hechiceros y gurús! ¡Estaría bueno que el regalo más maravilloso, el amor más importante y escaso –me refiero al que surge entre hombre y mujer- que además se vea bendecido con un milagro de los más grandes -que es propiciar a que surja un ser perfecto y más importante que tú mismo- y que esos dos portentos nos permitan preservar la armonía y perfección de lo natural en ese nuevo precioso cachorro de ser humano, sea recibido con la máxima ingratitud, como si de un tornado, de un terremoto o de un diluvio se tratara! Además reaccionar así de torcido sólo mostraría que nos creemos tan culpables y malos que en cualquier momento podría caer sobre nuestras cabezas esa espada de Damocles que supuestamente caería para castigar nuestros pecados.

Y, sin embargo, es así como está montada la sociedad desde que el mundo es mundo. Lo que pasa es que ya estamos lo suficientemente evolucionados como para percibir lo torcido de nuestros valores y creencias, todas mágicas y brujas, por lo demás.

Yo creo que bastaría con una o dos generaciones –seamos realistas, digamos dos- para convencernos de poner el mundo, nuestro mundo y el que damos a nuestro entorno, al derecho. Y para eso, no se necesita una revolución sangrienta. Sólo necesitamos sentir terror por lo que hacemos, morirnos de risa de nosotros mismos y convencernos de que vivir en el orden natural es más fácil, gratificante y placentero. Y más productivo y eficaz, desde luego.

Como nuestro próximo paso tratará de la motivación principal del bebé y del niño y de la emoción que debería regirla, permíteme, amigo Hombre, hablarte de un momento maravilloso sobre el cual hay también muchas creencias torcidas: el parto. Si no te importa, me gustaría contarte mi primer parto, porque creo que es muy ilustrativo de lo que digo.

Como ya te dije, tenía tan sólo 19 años cuando di a luz a mi primer hijo. Además, de joven me había criado en un ambiente muy sobre-protegido y con todas las comodidades de una princesita. El médico que me atendió era amigo de mi familia y cuando me revisó una semana antes del parto, me dijo: "¡Tú, con lo mimada que eres, intenta ponerte de parto en el día, porque vas a derrumbar la clínica con tus lamentos y gritos! Todas lo hacen, así que me espero al doble de alboroto viniendo de ti". Recuerdo que lo miré atónita y le respondí, algo altanera: "Doctor, yo sé que su plato favorito es el mero guisado y el cordero con ciruelas pasas y le apuesto una comida así si es que pego un sólo grito." Y él rió escandalosamente –él sí- y aceptó la apuesta con un aire de indulgencia paternal que me mosqueó mucho. Como las mujeres de mi entorno me deseaban que "tenga una hora fácil" y todas hablaban de que una vez en tus brazos el bebé, todas olvidábamos lo tremendo del parto, empecé a sentir que desde luego, había sido muy temeraria e inconsciente además de soberbia y engreída. Y me sentí avergonzada y atemorizada. Las mujeres de mi entorno me daban aliento y ánimos, como si ese terror estuviera más que fundamentado. Con lo cual, mi alegría mermó dos o tres días, y luego olvidé el asunto.

Cuando empecé a tener contracciones dolorosas me extrañé mucho de sentir un palpitar muy parecido al de mi primera cita con un chico que me gustaba. Y apuré a todos a llevarme a la clínica como si de esa cita maravillosa se tratara. Eran las nueve y media de la noche cuando llegué a la clínica y el médico, ya avisado, me revisó, certificó que el parto estaba en sus inicios y que yo era una exagerada. Me preguntó si me dolía. "Sí, claro, pero menos que las reglas y no es igual, nada parecido, porque entre cada tanda hay espacios, algo muy plácido y hasta sobrecogedor, como una Anunciación". Me miró como si fuera una iluminada y sonrió, muy paternal antes de irse, anunciando (él, sí) que vendría a la mañana siguiente porque eso "iba para largo".

Efectivamente, Gad nació a las once y cuarto de la mañana siguiente. Una enfermera me enseñó un modo de respiración tipo perrito que espera una golosina y eso me gustó porque me impedía crisparme cuando mi bebé desencadenaba otra anunciación. Despaché a mi madre que me ponía nerviosa con su miedo y me quedé con mi marido que no tardó en dormirse.

Entonces comenzó algo maravilloso: un verdadero trabajo de equipo entre mi bebé y yo. Nunca, antes ni después, sentí una tal perfecta coordinación y armonía entre su decisión de nacer y mi absoluta conformidad y anhelo con que eso ocurriera lo mejor posible. Así pasamos toda la noche y parte de la mañana siguiente, en perfecta sincronía, en una unión constructora que nunca sentí en mi vida laboral ni creadora, aunque como ya sabes, mi trabajo es crear equipos muy coordinados y motivados. Pero nada se parecía a esa sensación de ser útil, eficaz, buena en suma. ¿Quién podría tener ganas de quejarse ni de gritar en medio de un privilegio así? Entonces pensé que eso que decían tanto los hombre y mujeres, sobre que si los hombres tuvieran dolores de parto la raza humana se extinguiría, era otra falsedad: por vez primera pensé con tristeza por ellos que éramos privilegiadas porque esa sensación de equipo, de labor tan gratificante, ellos no la tenían. De más está precisar que no permití que me inyectaran ni administraran ningún analgésico. Y eso que tengo partos largos y difíciles y que soy muy refractaria al dolor: pido anestesia hasta cuando me hacen una limpieza de dientes. Duele, sí, pero es un tipo de dolor único, anunciador, en sí-mismo un alivio. Por poco que se sea agradecido y se tenga tendencia a la colaboración y a la solidaridad, ese tipo de dolor es hasta… ¡maravilloso! Y va in-crescendo, hasta el clímax final donde el único vagido es el del bebé, como una sinfonía. Lo más parecido en música que conozco, es la sinfonía Turangalila de Olivier Messiaen.

Cuando digo que me encanta parir, las mujeres me suelen decir que estoy loca y los hombres me miran con miedo, como si yo fuera sado-masoquista. Pero mis dos partos han sido las experiencias más maravillosas de mi vida. Y nunca dejaré de afirmarlo. Ni de agradecerlo.

Hombre: Mujer, se me olvidó respirar mientras te leía, así que estuve al punto del ahogo… ¡Qué bonito! La verdad es que viéndolo así es un prodigio de sociedad la que se forma entre madre e hijo. ¡Y la más rentable de las sociedades! Yo, como hombre, siempre he admirado a la mujer en muchas facetas y entre ellas en la de madre. Y a partir de ahora todavía más, querida. Es indudable el terrible dolor que se produce durante el parto en la mujer, e indudable el momento dramático por el que pasa el bebé – son pegas de nuestro bipedismo-, pero como la consecución del objetivo depende de ambos y de su coordinación y trabajo en equipo, me fascina la imagen de me has trasmitido. Y también siento que el hombre se lo pierde como experiencia personal, pero no debería perdérselo como espectador fascinado, entendiendo bien el proceso, es decir, como tú lo has descrito.

Yo no he asistido a ninguno de los partos de mis tres hijos ni asistiré al del cuarto, pues los tres primeros fueron por cesárea y el cuarto también será así, por prescripción médica. Y aun así, son momentos de máxima felicidad en mi vida. El instante en que tengo en mis brazos por primera vez al bebé es de tal belleza que lágrimas de alegría me inundan, y el hecho de ponerle cara a ese ser con el que tantas noches estuve conversando es, nunca mejor dicho, un sueño hecho realidad.

Es verdad que muchos padres lo pasan fatal durante el parto y comparto la sensación de impotencia por no poder hacer gran cosa en esos momentos más que animar a la madre, a tu pareja y, al menos con el pensamiento, animar al bebé. Son horas duras e interminables que creo se pueden hacer mucho más llevaderas si los padres entendemos y apoyamos el maravillosos proceso que has descrito.

Aunque también es verdad que muchos padres se lo toman como un trámite del que lo mejor es enterarse lo menos posible. Igual que en el chiste:

> *"Sale el doctor después del parto y le dice al padre: -Tuvimos que ponerle oxígeno a su hijo. Y el padre contesta: - Vaya, y yo que quería ponerle Pedro..."*

Chiste aparte, henos aquí, ya con un bebé entre los brazos, sano en la mayoría de los casos, y con todo su potencial por realizar para llegar a ser todo lo que nació para ser. Ahora empezará una nueva etapa, ¿verdad Mujer? Una nueva etapa en la que lo mínimo que tendremos que hacer es no dañar o empeorar al recién nacido y lo normal será crear a su alrededor las condiciones necesarias para que éste se desenvuelva de la mejor manera posible. Ahora bien, y si me permites parafrasearte, ¿es lo normal habitual? ¿O lo habitual no es normal y, sin ser conscientes y sin tener mala intención, ponemos trabas y cortapisas al recién nacido? Estoy seguro, Mujer, que tu respuesta aportará mucha normalidad poco habitual ;-)

Mujer: ¿Sabes, Hombre? Tu respuesta me emocionó tanto… que casi lloré. Primero porque creías no tener respuesta. ¡Y vaya si la tenías! Esa frase donde dices tu emoción de, al fin ponerle rostro y supongo también los seis sentidos a alguien a quien esperabas y hablabas desde hace tanto, me hizo comprobar lo bien fundado de nuestro enfoque hombre-mujer, y esto relacionado con algo infinitamente más importante que la procreación. Me refiero al amor, al gran amor de pareja. Sí, ya vimos que la mujer posee consustancialmente su entrega, su conocimiento y casi-diagnóstico del feto, y su fusión carnal con éste, lo que habrá de aprender y cultivar es su comunicación con él, su admiración pasmada por ese Ser diferente y único en todo, así como la alegría y plenitud que su existencia le confiere. Así que gracias por hacerme ver que el relato exacto de mi parto era la entronización de esos tres últimos y más importantes aspectos de mujer, que no de hembra, con mi feto-ya-casi-bebé.

Pero lo que tanto me emociona es que tú también actúas las tres dimensiones del hombre de verdad en tu respuesta. Y eso me hace pensar en lo femenino-masculino del amor de pareja. La mujer SABE cómo será ese hombre, ese único hombre con el cual ella desea vivir para siempre y por ello, morir antes que él, pues si no, esa muerte tan poco caballerosa -pasar antes que ella, sin miramientos, dejándola desamparada y afligida- le demostraría que se equivocó. Mientras que el hombre se dedica a MERECER a esa mujer, y le habla en la distancia, conquista cosas para ponerlas a sus pies, y la "poetiza". Pero sólo le pone cara, olor, y alma cuando la encuentra y la reconoce.

Y sí, en esta etapa de la vida humana en la cual nos estamos adentrando, ya tenemos al bebé en brazos y nos abocaremos a darle toda la seguridad sobre sí y sobre el mundo, que tanto necesita. Si quieres y sin que sirva de precedente, introduzco esta etapa haciéndote una sola pregunta: ya que vimos que la sociedad tal cual la hemos perpetuado, nos impele a darle alegría al bebé ¿por qué crees que así le estamos haciendo daño?

Capítulo 3 – La niñez – de 0 a 10 años: El acceso a la seguridad

Hombre: Muchas gracias Mujer por dejarme arrancar esta edad, y más gracias por tus pensamientos sobre lo femenino-masculino en el amor de pareja; me encantaría, si tú quieres, dedicar en el futuro un diálogo completo a estos pensamientos.

Yendo al bebé que tenemos ya entre nuestros brazos, creo que lo dañamos si le damos tan sólo alegría, es decir, si, al verlo como un regalo, cualquier cosa que él haga o cualquier cosa que hagamos con él la convirtamos en celebración. Que nos parezca maravilloso que ría, que llore o que patalee. Que nos haga muchísima gracia cómo gesticula y nos siga haciendo muchísima gracia cómo berrea. Que nos creamos con derecho a despertarlo de una de sus múltiples siestas para que la visita de turno vea "lo gracioso y mono" que es. Que nos parezca una fiesta que se despierte tres o cuatro veces durante la noche. Empezamos así y si así seguimos, cuando el bebé sea un niño o niña de dos o tres años, acabaremos teniendo a un terrorista en casa, como los que aparecen en "*Supernanny*"[5].

No digo, ni mucho menos, que no haya que demostrar alegría con nuestro bebé y luego niño, no. Las ocasiones de alegría son muchas y hay que celebrarlas. Lo que creo es que si la alegría es la emoción dominante en esta etapa, el niño se está desarrollando sin límites, fuera de control, pensando que puede y debe aprovecharse mientras lo dejen, pues a la vez que los padres y la sociedad en general le toleran todo, le están enviando el mensaje de que aproveche ahora pues "la vida de los mayores es muy dura". "Aprovecha mientras puedas, que el Valle de Lágrimas te espera" es el mensaje brujo que está recibiendo el niño. Así que da la sensación de que estamos construyendo la casa desde el tejado, ¿no, querida amiga? Si lo mejor que nos va a pasar en esta vida es ahora, se cumpliría el viejo dicho, pero al revés: "Hoy estoy peor que ayer y mejor que mañana", ¡qué horror! ¿Verdad, Mujer?

Mujer: ¡Por supuesto! Es extraña la expresión "por supuesto" que afirma tajantemente un acuerdo sin condicionarlo a un supuesto sino a un hecho ¿verdad? Y creo que ilustraría perfectamente la desorientación megalómana de nuestro bebé y más aún de nuestro niño si la emoción dominante en la cual lo

---

[5] N.E. Programa de televisión que se emite en una cadena española.

des-educáramos fuese la alegría. Creería que "por supuesto" tendría derecho a ser visto y tratado como un ídolo –"¿qué menos?" diría él -y que sus padres son sus siervos. No sólo fabricaríamos a un terrorista en casa, sino que mereceríamos tenerlo, ya que nosotros mismos, partiendo de la soberbia de la superioridad de nuestro propio sexo, hubiésemos pasado al miedo a un proceso que no podíamos controlar del todo, aterrizando en la alegría de ¡nosotros! haberlo hecho bien. Eso vendría a ser como ponerse por encima del Creador y de su Designio, usurpando su lugar y dar de Él esa imagen del seudo dios-padre chapuzas que, tras haber creado mal a sus criaturas, los maldice y los expulsa del Edén dónde los había puesto sin darles educación alguna, dicho sea de paso. Y claro, esa alegría sería la correcta si fuésemos nosotros, como grandes creadores libertarios, quien hubiésemos sido los creadores de un bebé tan prodigioso al que hubiésemos salvado de la maldición bruja de un falso aunque inevitable Creador nuestro, chapucero y castrador él. En el fondo, si lo piensas, Hombre amigo, esa inversión que venimos observando en nuestra sociedad –pues es innegable que al bebé y al niño, nuestra sociedad les asigna la alegría como emoción de recepción y de crianza- parte de ese delirante supuesto. Y cuando digo Creador, poco importa si se sabe que existe o no, igual podría haber dicho "Ley Natural de la Conservación y Evolución de la Especie". Pero tendremos tiempo de profundizar en ese tema.

Lo cierto es que según nuestra propuesta, si partiendo de la admiración absoluta por esa obra maravillosa que nos supera -que es el otro sexo-, yendo al amor por la pareja, celebrando la alegría de la fecundación y de la gestación, nos adentramos en la búsqueda de seguridad, armonía, respeto, y en el miedo absoluto a dañar esa maravilla de criatura nuevecita, estaremos, cuanto menos, poniéndonos en sintonía con lo elemental.

Pues sí, los cuatro elementos -aire, fuego, tierra, agua- tienen, según mis investigaciones, justamente esos tres componentes y emociones: alegría, amor y miedo. Lo único que había que aprender es a poner esas emociones en secuencia natural y básica de alguien posibilista y obediente que no se tome por el Creador del universo donde vive sino por su respetuosa criatura. Y es lo que estamos proponiendo aquí.

Ante todo, creo que deberíamos especificar lo que entendemos por emoción dominante o privilegiada en cada fase de la vida humana. Para empezar, dominante o privilegiada no significa única, sino indispensable para que el proyecto humano no se tuerza, no se rompa, no se estrelle. Es decir que, en cada edad, en cada fase de nuestro recorrido vital, hay que proporcionar y garantizar un componente más indispensable, más ineludible y consustancial, que refuerza los anteriores y les da más sentido y solidez. Mayor finalidad. Un componente ESTRUCTURAL, en suma, de modo a que dicha estructura funcione adecuadamente con su propia emoción –o energía, es lo mismo- natural.

Como ya recordamos, nuestra propuesta es que, sobre la base del orgullo de ser únicos y diferentes, pero ya insustituibles el uno para el otro, fuimos al amor de fusionarnos y de entregarnos el uno al otro, alcanzamos la alegría de la celebración del más grande de los portentos, y aterrizamos en la seguridad de estar potenciando esa maravilla al evitar dañarla. En este orden. Por supuesto, ante cada estímulo tocará reaccionar con la emoción correspondiente y adecuada, pero **cuando tenemos a un bebé en casa y luego a un niño, lo primero es lo primero: no dañarlo, no torcerlo, no invadir su integridad indefensa y enseñarle a no hacer daño a los demás, eso como primer deber y obligación.** ¿Se te ocurren formas tremendamente dañinas de amenazar su integridad, formas que perpetuamos con una alegría y desparpajo digno de mejores causas?

Y el segundo punto, también novedoso, es plantearse si en lo que hace a la necesidad básica y mayoritaria de un bebé o de un niño, las dos son iguales y únicas o si el enfoque tradicional de diferenciar tajantemente al bebé del niño es más acertado. Pues en este último caso, la motivación principal, la necesidad a cubrir, no debería ser la misma. ¿Tú como lo enfocarías, Hombre?

Una vez aclaradas esas dos incertidumbres ya podríamos, más seguramente, adentrarnos en lo que contiene esa seguridad que vemos básica e ineludible para el infante. Creo que así iríamos mejor encaminados y espero que compartas esta visión.

Hombre: Querida, comparto tu visión y tiene mucha miga lo que planteas. ¡Me ha encantado cómo me has contado lo de la secuencia! y ¡es espeluznante cuando se pone al revés!

Me gusta mucho y adopto con entusiasmo lo que entendemos por **emoción dominante o privilegiada** en cada fase de la vida.

Respecto al primer asunto que me planteas, sí, desgraciadamente se me ocurren formas espeluznantes de amenazar la integridad de un bebé, dejando de lado por obvias las físicas, pues existiendo, son producto de mentes enfermas, dementes, degeneradas, depravadas. La primera forma que se me ocurre es la de proyectarnos en el bebé y pensar y actuar con él como si fuese igual que nosotros. Derivadas de esta forma son las de proyectar en el bebé a nuestra pareja, a otro de nuestros hijos o a alguno de nuestros seres queridos. Aquí, le estamos negando el derecho ineludible de ser él.

La segunda forma que se me ocurre es la de actuar con el bebé cualquier emoción que no sea miedo ante una situación de miedo: Imaginemos que el bebé aprendió que llorando y pataleando nos hace prestarle toda nuestra atención, estando él perfectamente de salud, sueño y hambre. Y que ésta es una actitud repetida y frecuente. Si actuamos con miedo, poniéndole un alto, le haremos saber que ese camino no es el correcto, que tiene que aprender a respetar el espacio y el tiempo de los demás, en definitiva, le estaremos marcando límites y le estaremos enseñando a respetarlos, primera regla de la convivencia. Si por el contrario actuásemos con tristeza, caeríamos en el fatalismo y pensaríamos que es inevitable, que todos los bebés son así, y que hay que consolarlo de todas formas. Si actuásemos con rabia, nos pondríamos histéricos con lo cual el bebé se sentirá más poderoso y nosotros acabaríamos desquiciados y con ganas de tirar al bebé por la ventana. Si actuásemos con orgullo, nos pondríamos prepotentemente a tomar al bebé en brazos demostrando a quien quiera verlo el poder mágico de nuestra influencia benéfica hacia él e invitando al bebé a una fatal inversión: "si te manipulo no sólo no te quejas, no sólo no me impones límites, sino que te sientes orgulloso debido a mí". Si actuásemos con amor, nos ocurriría la tan famosa "caída de baba" y el tan famoso "total, por una vez más" paternalista y consentidor que le indican al bebé que se merece amor SIEMPRE –es decir aceptación y entrega incondicional- y haga lo que haga. Así que él toma nota y se siente, cada vez más, con patente de corso. Por último, si actuásemos con alegría, temerarios nosotros, celebrando la potencia y la energía del grito y el llanto de nuestro bebé, éste se sentiría o bien el regalo más inaudito del cielo, o bien perplejo de que alguien reaccione con alegría cuando lo manipulan. ¡Menudo panorama!

Mucho peor que eso es no respetar nosotros el espacio y el tiempo de nuestro bebé, cosa que sucede con mucha frecuencia. ¿Qué importa, si nuestro bebé duerme plácidamente, despertarlo para que le haga "cucamonas" a su abuelo, tío, sobrino, hermanito mayor?

Por último, quizás lo más perverso de todo, que creo que desgraciadamente los padres hacemos con mucha frecuencia -muchas veces por desconocimiento, otras por repetir la maldición que nosotros también sufrimos en su día-, es la siguiente combinación, que tú, admirada Mujer, descubres y describes tan magníficamente como causante de las tipologías de personalidad y que me permito resumir aquí[6]:

1.- Primero, reaccionar exageradamente en positivo cuando nuestro bebé muestra su competencia, es decir, aquello que hace muy bien sin esfuerzo, cosa que produce que el bebé se confunda con ella y vaya debilitando otras dimensiones, optando por el facilismo.

2.- Después, reaccionar con envidia o amargura cuando nuestro bebé muestra su talento, es decir, aquello que le convierte en un ser único, especial, diferente. O descalificarlo. O peor aún, tratarlo de loco. Esto hace que el bebé rechace su talento, lo desconecte e intente no mostrarlo. Y cuando crezca, hará que sienta también envidia o amargura cuando lo vea en otros. Así aprenderá a ser

---

[6] N.E. Ver *"El esplendor de lo humano"*. ISBN 9788461311644. HISTORIA EMOCIONAL DEL NIÑO.

competitivo en vez de admirador de lo excepcional en sí y en los demás.

3.- Como remate final, reaccionar con miedo o con intolerancia cuando nuestro bebé muestra su vocación, es decir, lo que despierta su espiritualidad, lo que describe la finalidad de su vida y lo aleja de ser o de venerar ídolo alguno. Así rematamos la negación de su ser al invitarlo a una guerra de "religiones" entre vocaciones mitificadas.

Respecto a plantearse si en lo que hace a la necesidad básica y mayoritaria de un bebé o de un niño, las dos son iguales y únicas o si el enfoque tradicional de diferenciar tajantemente al bebé del niño es más acertado, debo confesarte que no lo tenía claro hasta conversarlo contigo en uno de nuestros frecuentes viajes en automóvil. De aquella conversación surgió mi convencimiento de que es necesario tratar a ambos por igual hasta que el niño cumpla los diez años. ¿Por qué? Pues porque la necesidad de seguridad, de saber cuál es su sitio y su lugar, de respetar a los demás, de respetarse a sí mismo, de saber cuáles son las normas y los límites, de sentirse íntegro, de saber detectar dónde están las amenazas, es una necesidad básica y prioritaria hasta que el niño alcanza cierta madurez y cierta autonomía, que viene a ser en torno a los diez años de edad. Este es un punto de suma importancia pues si cambiásemos la necesidad básica del bebé o niño prematuramente, lo dejaríamos sin un suelo firme sobre el que asentar el resto de sus dimensiones.

Y nos encontraremos con niños inseguros o avasalladores, miedosos o temerarios, sometidos o sometedores, acobardados o envalentonados.

¿Crees, Mujer, que quedan más o menos aclaradas las dos incertidumbres planteadas? Si no, te ruego las corrijas o matices. Si sí, te invito a que arranquemos en desglosar lo que creemos que se entiende por esa seguridad que vemos básica e ineludible para el niño.

Mujer: En efecto, amigo Hombre, la primera manera de amenazar la integridad de un infante –es bonito que en España se le llame Infante a los príncipes de sangre real, pues un bebé, aún nacido en una chabola o en un belén, es eso: un pequeño príncipe- es negándole su autonomía y unicidad, proyectándose o proyectando a otro en el recién nacido. Eso no sería posible sin la necia y soberbia idea de creer ser creador y propietario narcisista del bebé que tendría la única misión de perpetuar al tonto que así se lo crea. Una cosa es admirar los parecidos, sobre todo para protegerle de los defectos libremente elegidos por aquella persona que podría presentarse como modelo y patrón a seguir, o para ser usado como espantajo amenazante y chivo expiatorio fácil por los que temen que siga malas elecciones de miembros de la familia a quien plásticamente se parece y otra, sería abusar de la integridad y unicidad del niño de una forma bruja que esparce maldiciones subliminales, por las malas razones que mostré aquí.

También, quiero señalar otro peligro -aún más grande- de esa manía de clasificar a un recién llegado a la vida, y es algo igual de común: el pegarle la etiqueta de lo que llamo "mamiferío unido jamás será vencido" que debería llamarse "mamiferío unido siempre será vendido". Vale decir, usar los inevitables rasgos comunes de origen genético para plasmar en las raíces del niño una marca como la que estampan en el ganado para marcar el logo de su propietario. Este niño es un miembro de la secta o clan X (familia paterna) o Y (familia materna). Con el agravante de que las familias muy primitivas, de corte sectario –lo que siempre indica un gran complejo de inferioridad colectiva, envidiosa y defensiva- son en su mayoría patriarcados, y que si el bebé se parece al linaje del padre, mal para él, pues tendrá la obligación de seguir antivalores de corte mafioso, y si se parece al de la madre, peor aún para él, pues será visto como une especie de espía renegado, o, peor aún, como un error, un infiltrado, algo así como un bastardo fallido. Si la tal seudo-secta es matriarcal, todo ese horror será el mismo, sólo que al revés. Y ni te cuento lo que pasa entonces cuando la pareja, los padres, tienen un enfrentamiento o una discordia, pues esos parecidos que deberíamos admirar y agradecer, son vistos como armas arrojadizas para humillar y maldecir al inocente retoño: "¿qué se puede esperar de alguien que se parece a tu suegra o al cuñado traidor que es tu eterno contrincante?". Y los estigmas llueven sobre el desorientado rehén, pues en eso habremos convertido al bebé. Por eso, los parecidos sólo deberían ser señalados cuando lo que se ve es bueno, bonito, admirable. Y nadie debería ponerse moños si se admira en un bebé algo propio, pues no lo es. Nosotros también lo hemos pescado en nuestro ADN, no es creación nuestra. Ni tampoco es de nuestra exclusiva propiedad, con derecho a pago de royalties.

Y sí, el peor daño, el más duradero, es aquel que los padres y el entorno hacen para crear esas prisiones que encierran el ser y lo niegan, dando origen a la tipología de personalidad: el dar cuerda excluyente a la competencia, negar y envidiar el talento y prohibir la vocación del infante, convirtiéndola en tabú mágico y supersticioso. Creo haber encontrado las causas de nuestra conducta aberrante como padres y educadores:

Creo que hay dos causas principales: la primera es justamente el que ponemos el mundo al revés e invertimos la secuencia vital de un orden precioso y perfecto al que transformamos en caos y negación narcisista. Estamos señalando estas aberraciones desde que iniciamos nuestro diálogo. No se empieza por la guerra de sexos, para conformarse con un apaño necesario (el acoplarse de forma duradera con sacrificios simbióticos y negadores de la propia autonomía, pues ¿cómo dar integridad y seguridad al bebé, si en el simple apareamiento –pues a eso no se le puede llamar pareja- las perdemos?), ir a la inseguridad y al miedo de esperar un nuevo miembro de la raza humana y cantar victoria eufórica, posesiva y proyectiva, cuando el niño está aquí. Ya lo vimos. Y hemos mostrado que la secuencia admiración y orgullo, amor y entrega, celebración y gratitud, seguridad y armonía era la natural, la ordenada. La sana, en suma.

La segunda razón, que explica también las causas de la primera, es que confundimos motivaciones, necesidades, requisitos, aspiraciones, intereses, como si todas estas palabras fueran sinónimos sin jerarquía de importancia relativa. Y entre des-je-rarquizar e invertir en nombre del "todo vale" hay sólo dos malos pasos.

Verás: **Toda motivación AUTÉNTICA** significa un imperativo cuya satisfacción es indispensable para la vida, es decir, **significa parte de la seguridad básica**. Ya hemos mostrado que un bebé necesita seguridad ante todo, sobre todo si, como lo planteamos, dicha seguridad es el colofón de la escala ya conquistada: admiración y valoración -amor y entrega-; felicidad y gratitud; seguridad y armonía. Pues en esa seguridad ya viene el paquete completo de las demás dimensiones y valoraciones anteriormente conquistadas.

Existen multitud de teorías motivacionales, siendo la más conocida la de Maslow que sólo fotografía el desorden de la sociedad actual, como lo estamos mostrando y –espero- demostrando. Y a la que anteponemos nuestra Teoría Omega de la escala motivacional real y universal humana, en la secuencia que ilustramos aquí en lo que hace tan sólo a las necesidades cronológicas y cumulativas de una vida humana. Creo que ya va siendo hora de diferenciar y jerarquizar estas necesidades. Propongo, como siempre, primero definiciones claras, y estas son mis propuestas:

- **REQUISITO**: que es un DERECHO, por ejemplo respirar o comer o cubrirse o ser cuidado y cuya negación o privación constituye un delito y que definiría como "obligación de proporcionar y preservar un elemento constitutivo e indisociable de algo vivo o altamente creado". Esto compone el DERECHO NATURAL y es lo que nos ocupa en este diálogo. Como aplicación en el tema que nos ocupa, ofrecer seguridad sobre la base de la secuencia orgullo-amor-alegría, a un bebé, es erigir defensas contra amenazas a su integridad DEONTOLÓGICA, física, intelectual, estética, moral y espiritual. Dar seguridad a un infante no es un lujo sino un derecho inalienable cuya negación debería constituir un delito. Y exigir de él respeto a los límites que nunca se deben franquear es también un derecho y un requisito para que la sociedad funcione. O simplemente no se hunda y se destruya. Esto abarca la SEGURIDAD INTEGRAL del infante. Es un REQUISITO, o sea, un DERECHO SUYO, no es un favor que se la hace. Y como en todo delito –el de no darle lo suyo por derecho propio, en este caso, seguridad- hay una escala de agravantes y eso es, de más a menos, lo que sigue -según puedo analizar yo, claro está. Lo mismo concierne los descubrimientos científicos importantes y las obras de arte geniales.

- **NECESIDAD**: que es un PRIVILEGIO relativo al estatus, talla e importancia relativa y objetiva de la persona o de la creación. Esto muta hacia la categoría anterior y se convierte en Requisito y Derecho cuando la talla del ser o de la creación se convierte en histórica (en vida o después, y es más importante respetar ese privilegio importante y auténtico antes de que muera), y más aún en caso de asentada talla o labor civilizadora, pacificadora o universal, en este orden ascendente de importancia, porque aquí hay un tesoro que es patrimonio de la Humanidad.

En nuestra aplicación a la vida humana, la Necesidad más importante sería la de respetar y cuidar la competencia, admirar y aprender del talento y borrarse ante la vocación del infante. Lo primero que debemos hacer es diferenciar y definir las tres cosas, como ya lo has hecho. Y lo segundo, mostrar que no es tan difícil detectar, apreciar y alimentar de forma segura esas tres dimensiones neurálgicas en un bebé. Basta tener los tres pasos anteriores a la seguridad que le debemos, conquistados con anterioridad y/o simplemente, amarlo y, por ende, mirarlo bien, observarlo con respeto. Veamos:

Detectar la competencia de nuestro bebé es bastante obvio, es el rasgo emocional que, no sólo nadie podría negar que domine su conducta por repetitivo, sino que cuando se le contraría o coarta, casi obliga al infante a echarnos un pulso. Por ejemplo, si la competencia del niño es el orgullo, se pondrá tirano o nos fulminará con miradas despreciativas si le cortamos su impulso emocional sin el cual sentiría una inseguridad tal, que se sentiría borrado como entidad EXISTENTE, por ese abuso. Su reacción sería algo así como exagerada, casi alérgica. Pues, como ya desvelé en muchos libros, esa emoción dominante –y su sistema de funciones asociadas- fue la que el feto tuvo que desarrollar como emoción privilegiada y dominante como compensación indispensable a la emoción dominante de la madre durante el embarazo. Vale decir que la experiencia de vida del feto, que está máximamente presente en el bebé -que sabe mucho de sí y casi nada de los demás y de la vida- asocia esa Competencia suya, no sólo con su rasgo mayor de personalidad, sino con la supervivencia, más que como un requisito o un derecho. Además, afincarse tensamente en esa emoción ha sido un trabajo, un esfuerzo que le ha sido infligido al feto sin su libre acuerdo y que por lo tanto aprendió a considerar como un doble mérito suyo, el precio que tuvo que pagar para nacer completo, o más bien, relativamente completo. Verse negada esa emoción sería sentida como si, para nosotros, se desencadenara de repente un terremoto de grado siete, o un enorme incendio. Si no hubiera desarrollado esa peculiaridad, simplemente no existiría. Y si se la cortan es darle el mensaje "tu presencia aquí es un error, tú sobras". Es imposible no detectar ese rasgo recurrente, habitual, fácil, hiperpresente en el bebé. Él se encarga, y muchas veces en exceso, de darse cuerda solito. No necesita que nadie magnifique ese rasgo, sino que se lo respeten. Y cuando está molesto o inseguro, ya por falta de límites, ya por exceso de ellos, no sólo actúa su competencia, sino que "se pasa tres pueblos". Se convierte en una caricatura de su propio rasgo dominante de personalidad. O sea: respetar la competencia de otro, es un Requisito.

El talento es lo que lo hace diferente, entrañable y único. Por ejemplo, un niño cuya competencia es el miedo, es decir el respeto y la seguridad, es obediente-pasivo, es decir apático y congelado muchas veces, al límite, algo autista. Cuando el miedo es su talento, su manera de obedecer es la de un maestro de la armonía y de la concordia. Si fuera su vocación, entonces sería un Buda viviente: serenísimo. Como talento, multiplica el espacio y el silencio a su alrededor. Hay algo aleccionador, sobrecogedor, admirable en el talento cuando se expresa. Y necesita encontrar, no sólo aceptación, sino valoración especial y admiración en su entorno. Ser alentado y valorado en su talento, es la Necesidad mayor del infante y la motivación mayor que tendrá para sentirse seguro y armonioso en tu presencia. Si no recibe eso de ti, tu presencia será su exilio de sí-mismo. Y la valoración activa de la vocación y su tratamiento forman parte de la tercera categoría:

- **MOTIVACIÓN**: que es un IMPULSO y deseo de cambio, de plenitud, de completitud, un arrancador hacia más evolución SOBRE LA BASE DE ALGO YA REAL Y OBJETIVO. La vocación, ya lo sabes, es lo más sagrado en el bebé, lo que le da la certeza de finalidad en sí y en el universo, es su plenitud, lo que da significado y percepción del designio en la Creación. Si niegas eso al infante, la vida suya será tan solo trivialidad, sinsentido. Se sentirá por entero intercambiable, luego, competitivo. Detectar la vocación en un bebé requiere de sentido de finalidad en quien lo detecta, pues la conducta vocacional del bebé llena el lugar y el tiempo en el que lo actúa, de armonía en la perfección de completitud. Y también de certeza en que la evolución irá siempre a más en todo el universo. Es imposible alentar, arrodillarse ante una vocación, si tú eres un amputado, un amargado, un ser imbuido de sí-mismo, es decir, un huérfano de finalidad. Y dependiendo de la intensidad, profundidad y hondura de la vocación en un bebé, el negarle el reconocimiento, seguridad y aliento de esa zona, simplemente, le acortará la vida y le provocará una vida dramática, con muerte temprana incluida. Sí, él perseguirá esa vocación suya, pero a costa de su propia vida ¿Te parece poco riesgo? Y hay una cuarta categoría:

- **INTERÉS**: que defino como "CURIOSIDAD despierta que puede originar un impulso hacia la motivación". Y es la que despiertan las que califico como "emociones originarias" del infante: Son emociones y sus conductas auténticas, repletas de "ejemplaridad" y que no son ninguna de las emociones antes descritas. Son la parte fuerte, roca inamovible y paradigma de SALUD INTEGRAL en la persona. Cuando el bebé lo actúa, te muestra que en esa zona, para él la soledad no existe, pues jamás está mejor acompañado que por sí-mismo en esa área de capacidades innatas. Negarle el aliento y la seguridad en ellas, equivaldría a reducirlo a la miseria y al desamparo interior. Y hacer de él una personalidad suicida, es decir, viva, y aparentemente completa y alegre, pero adictiva a lo que lo destroza y lo niega.

Ya ves, querido amigo, esta es mi propuesta y me perdonarás por no haber aún respondido a las preguntas que me hacías sobre el contenido de la seguridad en términos de aliento de capacidades intrínsecas, universales y generales. Eso, vendrá después. ¿Quieres?

Hombre: ¡Claro que quiero, Mujer! Decir que lo que acabo de escucharte tiene miga es quedarse muy corto... ¡Bravo! En un mundo de indefiniciones por doquier, me maravilla tu encuentro de definiciones rotundas, sencillas y cargadas de verdad.

También me maravilla cómo has jerarquizado los conceptos, de más importante a menos. Me gustaría ahora repasarlos contigo uno a uno, para ver si los entendí correctamente:

REQUISITO: *"obligación de proporcionar y preservar un elemento constitutivo e indisociable de algo vivo o creado"*. Lo entiendo como el derecho de las personas, de los animales, de las plantas, de los elementos a, primeramente, existir. En segundo lugar, a recibir lo indispensable para su supervivencia. En tercer lugar, a que se les deje en paz, en el sentido de no manipularlos, de no esquilmarlos, de no hacerlos sufrir. En cuarto lugar, cumpliendo todo lo anterior, a recibir protección y estímulo para que puedan crecer con armonía. Así que nuestro bebé tiene como REQUISITO, como derecho, primero vivir, luego, ser alimentado, cuidado y ayudado adecuadamente, luego no ser manipulado ni mentido y por último, ser defendido de cualquier amenaza a su integridad. Y eso es un requisito, un mínimo irrenunciable ¡Me gusta!

Entiendo que, para cada edad que vayamos analizando en esta andadura, habrá un requisito distinto, siempre visto como un mínimo irrenunciable sin el cual la persona se siente fuera de este Mundo… ¿Te das cuenta de lo revolucionario de tu planteamiento? Empiezo a sospechar que el análisis de las fases de la vida con sus correspondientes requisitos, acumulativos, nos llevará a claves de felicidad nunca desveladas… Además, por lo visto hasta ahora, habrá al menos, una fase de la vida con el orgullo como requisito, otra con el amor como requisito y otra con la alegría como requisito. ¿Quiere esto decir que, por ejemplo, a una persona que esté en la fase que le corresponda el amor como requisito hay que ofrecerle amor como un derecho que ella tiene? Me parece súper y me gustaría que así fuera y que así actuásemos todos. ¡Menudo cambio de civilización! En todo caso, el que uno mismo lo interiorice y lo vea como suyo ya es un enorme paso para su propia felicidad ¿no? Por lo menos, sI se sIente con derecho a recibir seguridad, o amor, o cualquier otra dimensión, dependiendo de la fase de la vida en la que esté, se rodeará de quienes sí se la brinden y se alejará de quienes no se la brinden y más de quienes se la quieran quitar.

Mujer: ¡Exacto, amigo Hombre, hará eso siempre y cuando tenga interiorizada la seguridad, que consiste justamente en alejar amenazas! Y ya ves que, con definiciones claras, **SIEMPRE EMPEZAMOS CON SEGURIDAD. Pues la función principal de ésta es la de crear normas, fronteras, leyes que impidan terminar con lo vivo y lo valioso o, simplemente, amenazarlo**. Por ejemplo, si te dan una casa nueva ¿no vas a dinamitar los cimientos, verdad? y si esa casa la tienes que construir ¿no vas a empezar por el tejado, sino por los cimientos, verdad? Pues un ser humano nuevecito ha de ver sus cimientos, sus raíces UNIVERSALES, su identidad mínima, aseguradas. Y eso no es un favor, es un derecho que él tiene y es una obligación legal la que se tiene con él. Si no, será delito. Y hablo de seguridad verdadera, no sólo aparente. ¿Pues de qué serviría vestir, cobijar y alimentar a una criatura si las fronteras entre su ser y el del otro son dinamitadas, avasalladas? Sería igual que cuando Maslow dice que la seguridad es tener medios para sobrevivir, es decir techo y alimentos además de ropa para tapar sus vergüenzas. Si eso fuera seguridad, ningún millonario se suicidaría, nadie se enamoraría de una pareja que le maltrate, ni tendría amigos que abusen de su integridad. **Seguridad, ES ÉTICA**. Sólo eso. Y con ello, todas sus funciones asociadas.

Y sí, es más que obvio que a cada edad, su requerimiento preferente. Ese derecho más que natural es cumulativo: "Tanto vales (es decir, tanto ERES), tanto tienes derecho a tener" y no al revés, como casi todo en este mundo invertido. Y sí, claro que sí, ya llegaremos, cuando sea un requisito y un derecho, a una edad para el orgullo, a otra para el amor, a la de la alegría, pero antes, ha de haber lo que ha de haber para que ese requisito sea eso: un derecho y no un adorno, ni mucho menos un señuelo para manipular. Como es el caso hoy por hoy.

Y sí, también es esencial, y más que todo lo demás, que el propio individuo interiorice su derecho. Si no, éste no sería inalienable, todos seguiríamos con miedo al paro o a no tener un techo. Porque nos habrán educado –mejor dicho, torcido, deseducado- para ver la seguridad como un favor y no como el primero de los derechos. Es más, para verla como un favor que lleva consigo la obligación de despersonalizarse, de alienarse a la mano que nos echa de comer, como si otorgarnos seguridad arrastrara consigo el derecho del otro sobre nosotros, sobre nuestra integridad y naturaleza. Así que, ya ves, queda demostrado: un bebé no puede interiorizar nada si no tiene la facultad, habilidad, capacidad de defender su territorio interior y de respetar el de los demás. Porque se desorientaría sobre el mundo y sobre sí al sentirse ENDÉMICAMENTE INDEFENSO y a los demás vulnerables a sus abusos. E s imposible que tenga seguridad si sus padres no lo han esperado en la alegría, robándole la seguridad avaramente, para sí. Es inevitable que hagamos las cosas mal si las normas, los valores, las leyes, los ideales que nos rigen, están invertidos.

Y sí, ya lo creo que sí, seguridad es la sed primigenia de todo lo creado. ES CONSECUENCIA DIRECTA DE LA GRATIDUD DE VIVIR, pues si la Creación no nos viera como inocentes, libres y con derecho a vivir, no consideraríamos esos requisitos como un derecho, sino como un favor y como una lotería en la que a algunos les toca y a los más, no. Tampoco nos estaríamos cargando al medio ambiente. Ni criaríamos en campos de concentración animales para el consumo. Ni fabricaríamos aberraciones genéticas de frutas y hortalizas de plástico para comer. En otras palabras: si desde bebé y durante toda tu infancia, la norma hubiera sido educarte y entrenarte para que tú mismo puedas, y con maestría, crear normas éticas de defensa de lo vivo, ni falta haría de preocuparse ni de defenderse, ni los ejércitos serían máquinas de guerra y de destrucción, sino agentes de consolidación de la paz, del fluir de la alegría. Y lo más importante es que esto que digo no es un portento, ni una revolución: es simple descripción del funcionamiento SANO Y NATURAL del orden natural. Y mantener el orden es función de la seguridad. Así como lo es separar lo malo de lo bueno, diagnosticar las patologías, decir "NO" a lo malo y al mal, en suma.

Creo que aún faltan ejemplos y argumentos de lo que sí es y de lo que no es seguridad como derecho, para dejar bien claro lo primero: el requisito. Si esto es así, lo segundo surgirá orgánicamente de su base, que es ésta. Y no pienso soltarte ☺ hasta que en tu discurso no dejes patente, más que la admiración por estas definiciones (que es orgullo, admiración y que te agradezco), tu MIEDO -única emoción garante de la seguridad- de no haber recibido seguridad ante todo cuando eras bebé o niño –si fuera el caso- y, peor aún, de no estar dándolo adecuadamente –si fuera el caso- a los bebés y niños de tu entorno, ya sean éstos biológicos tuyos o no. Y para muestra, te emplazo a describir, y en orden, las funciones de la seguridad y a analizar con ejemplos qué pasaría si a un bebé y a un niño se les diera alegría –como nos dicen que es lo propio- en vez de miedo al peligro, a lo realmente amenazante. Eso para no hablar de las enfermedades alérgicas y pulmonares que ello les acarrearía, como bien sabes de mis investigaciones en el hospital de la Princesa de Madrid a las dediqué dos largos años a tiempo completo. Pues no olvidaremos tampoco que la salud es un tema de seguridad. Evitando las causas se evitan las consecuencias, que son las enfermedades y otro tipo de riesgos. Pero veremos esto más tarde, Hombre, si aceptas.

Hombre: *¡Touché,* Mujer! Volvamos al miedo, a mis miedos, sobre las funciones de la seguridad…

La seguridad abre –según el MAT- un amplio abanico de habilidades y de capacidades, en un orden determinado. La primera capacidad es la de **establecer límites**, límites de los demás hacia nosotros y límites de nosotros hacia los demás. Dentro del

establecimiento de límites, debemos contemplar la autocon-
fianza, el autocontrol, la flexibilidad y la defensa propia. Todos
necesitamos límites de todo tipo, hacia adentro y hacia afuera.
Sin límites no existiría sociedad ni civilización; no seríamos seres
sociables.

En el caso que nos ocupa del niño, ya hemos hablado sobre la
necesidad de estos límites y qué ocurre cuando no se ponen: Si
somos nosotros quienes lo invadimos física, emocional o espiritualmente, estamos cometiendo un delito contra él. Si no somos
capaces de ponerle límites a él, estaremos promoviendo que el
bebé se comporte invasoramente, tiránicamente. En mi rol de
padre, hay ocasiones en que me cuesta ser serenamente tajante
cuando veo que uno de mis hijos está invadiendo el espacio y el
tiempo ajeno. Y esas ocasiones las recuerdo muy bien porque
veo, casi de inmediato, que el efecto es negativo: Si es por haber
reaccionado con tristeza o con amor, porque el niño se crece en
su convencimiento de que puede hacer lo que le dé la gana. Si
es por haber reaccionado con rabia, porque en lugar de acabar
en armonía y serenidad, que son los fines de la seguridad, el
clima acaba en tensión y crispación: tiro por la culata, ¿verdad?
Si a un bebé se le da alegría en lugar de ponerle límites, estaremos promoviendo en él un comportamiento avasallador e invasor
por un lado y temerario e inconsciente por el otro, que, a la larga,
y por exceso de uso, podría llegar a ser hasta profanador… Conozco algún niño que ha sido educado en ese ambiente y lo más

suave que se me ocurre es que, hoy por hoy, es un patético reyezuelo de la nada, además de insoportable, cuando no un inconsciente temerario que se lanza a todos los peligros con una alegría digna de que le ocurran los peores accidentes.

La segunda capacidad es la de **diagnosticar** dónde están los peligros. Si no somos capaces de ello, los peligros siempre nos sorprenderán, nos amenazarán y acabarán dañando nuestra integridad o acabaremos dañando la integridad de los demás, en el caso que nos ocupa, del bebé.

La capacidad de diagnosticar es lo que nos permite determinar *lo que no* está bien, lo que no es sano, lo que no es bueno. En el caso de los niños, es necesario estar muy pendientes y enseñarles lo que no se pueden llevar a la boca, lo que no se puede tocar, lo que no se puede hacer, pues es la única manera de que aprendan sin tener que sufrir. Mi hijo pequeño, desgraciadamente, aprendió hace unos días que la puerta del horno caliente de casa no se puede tocar sin quemarse... Es natural que aprendan sufriendo las consecuencias de hacer lo que no se puede hacer, pero es mucho mejor enseñarles dando ejemplo, ¿no crees, Mujer? ;-)

Por nuestra parte – padres, cuidadores, profesores y personas cercanas a un niño-, es muy importante también diagnosticarnos a nosotros mismos de manera que si detectamos que estamos mal, tóxicos, torcidos, tontos, temporalmente neuróticos, evitemos al máximo el contacto con el niño mientras se nos pasa la tontería, pues si no, estaremos trasladando nuestros problemas al niño.

Si en lugar de ocuparme de **diagnosticar dónde puede estar un peligro** externo para el niño, pienso alegremente que no le pasará nada, el niño acabará quemado, electrocutado o herido. De la misma manera, si en lugar de ocuparme de diagnosticar dónde puede estar un peligro en mí, pienso alegremente que al niño no le afectarán mis malfuncionamientos, éste acabará sufriendo los mismos por activa o por pasiva. A por activa o por pasiva me refiero a imitar el mismo malfuncionamiento o desarrollar defensivamente el opuesto necesario para pelear.

Por otro lado, es muy importante no cegar con prejuicios ni tópicos la capacidad de diagnóstico emocional de los niños, que es muy acertada por lo natural de la misma. Si nuestro hijo dice de algún familiar cercano que es malo, más nos vale tomar nota antes que decirle que "esas cosas no se dicen de la tía Maricruz" o, peor aún: "los que te aman nunca son malos".

La tercera capacidad del sistema de seguridad es la de **separar**. Separar las cosas, los actos, las categorías o los comportamientos que deben estar separados, pues si no, se produce confusión, desorden y caos. La no capacidad de separar categorías es muy utilizada en el humor absurdo, como por ejemplo en el siguiente diálogo entre un recluta y un sargento:

"Recluta: 'Sargento, ¿qué podemos hacer si pisamos una mina?'
Sargento: 'El procedimiento habitual es esparcirte en trocitos por
un círculo de 30 metros.'" Se trata de cómo evitar pisar una
mina, no de qué hacer si la pisas, ¿no? ;-)

En el caso de los niños, hay muchas ocasiones en las que hay
que enseñarles a separar, por ejemplo, en lo que toca hacer en
cada momento: cuando se está comiendo, se está comiendo y
no comiendo y paseando con un triciclo a la vez que se juega a
la videoconsola y se persigue a un hermano. Como otro ejemplo,
me acuerdo de una anécdota simpática con uno de mis hijos
donde le trataba de explicar, entre risas, que no era bueno reírse
y nadar a la vez, pues acabas ahogado o, al menos, dejando
pasar agua a los pulmones. Si cuando hay que separar, o enseñar al niño a separar, juntamos con alegría, promoveremos que
el niño tenga comportamientos y razonamientos desordenados,
mezclando peras con manzanas, pues total, ¿qué más da?

La cuarta capacidad del sistema de seguridad es **localizar** con
mayor precisión dónde está el peligro, dónde el daño, dónde la
molestia, dónde la manipulación o la extensión de los mismos.
La diferencia entre diagnosticar y localizar es la de decir, si eres
médico por supuesto: "tienes un cáncer" y "tienes un cáncer de
hígado que está en su segunda fase de metástasis". Si no somos capaces de localizar, nos quedaremos paralizados o nos
lanzaremos alegremente al peligro. Si nuestro niño llora, tendremos que localizar lo que provoca ese lloro y actuar en

consecuencia: Puede ser sueño, puede ser hambre, puede ser fiebre, puede ser dolor, puede ser simplemente ganas de llamar la atención. Si no localizamos la causa, muy malamente resolveremos el malestar del niño, ¿verdad? Al niño debemos enseñarle a localizar los peligros de manera que pueda evitarlos, por ejemplo, cuando le enseñamos a cruzar correctamente una calle o cuando le enseñamos a manejar correctamente un cuchillo para comer.

La quinta capacidad del sistema de seguridad es **defender**. Defenderse a uno mismo y defender a los que nos rodean, defender a los amenazados y a los indefensos. Defender el orden o defender la ética está también en esta capacidad. **Defender es decir "NO" a los riesgos contra la integridad**, encender el semáforo rojo, impedirlos, sin atacar aún, pues eso ya sería función de la rabia. En el caso del niño, es obvio que debemos defenderle de cualquier agresión a su integridad física o emocional, venga de quien venga. Pero muchas veces no defendemos adecuadamente a nuestro niño, lo dejamos expuesto a la violencia de la televisión o a las manipulaciones de cualquier familiar. En un caso extremo, qué aberración sería sentir alegría cuanto lo que toca es defender, ¿no? Pues es aberrante pero se dan abundantes casos; los padres a los que les hace gracia asustar a sus hijos no son excepción.

Por último, la sexta capacidad del sistema de seguridad es **legislar**. Legislar en el sentido de **imponer normas ÉTICAS para**

vivir en armonía con los demás. El derecho natural, como tan bien apuntas, Mujer amiga, impone normas universales que garantizan la armoniosa convivencia y el respeto a escala universal. Y en el ámbito familiar, se trata de establecer las normas de convivencia entre los miembros de la misma para que todo sea respetuoso y armonioso en función de los roles de cada cual. Por lo tanto, legislar no es aún asignar responsabilidades a cada cual, sino impedir que se cometan irrespetos y riesgos. En el caso de los niños, el que aprendan no desordenar lo que otros ordenan, el que aprendan a no interrumpir a otra persona mientras habla, por ejemplo. Todo lo que denominamos "buenos modales", no es más que aplicar estas responsabilidades al niño de manera natural, porque es bueno para él y para los que le rodean. Y hablando de buenos modales, los padres sobre todo, pero también las personas que rodean al niño, son modelos conductuales para él, así que tampoco nos quejemos del comportamiento de nuestro hijo si somos nosotros los que estamos dando el mal ejemplo. Si cuando se trata de tener normas en el ambiente familiar, nosotros como padres nos regocijamos de no cumplirlas o aplaudimos al niño que no las cumple para ver cómo se molesta nuestro cónyuge, ¿qué ética le estamos trasmitiendo a nuestro hijo?

Repasando las capacidades que brinda la seguridad, debo decirte, querida, que yo he sido un bebé y un niño bien cuidado en este aspecto. Al menos que yo recuerde, claro. No recuerdo ningún episodio de alegría en vez de miedo. Repasando las capacidades, creo haber sido bien cuidado excepto en la de diagnosticar, donde el falso miedo a la verdad taponaba al verdadero miedo a lo peligroso. Y lo malo de las disfunciones en estas etapas tan tempranas es que, aun queriendo y aun teniendo la mejor de las ayudas, es dificultoso deshacerse de ellas a lo largo de la vida.

Sobre lo que comentabas de las enfermedades, me has dejado intrigado. ¿Es que las enfermedades alérgicas y pulmonares tienen que ver con la alegría en vez de miedo, querida? ¿Cómo puede ser eso?

Mujer: ¡Muchísimas gracias, amigo, por enumerarnos tan magistralmente las funciones de la seguridad que únicamente el miedo auténtico permite poner en marcha! Estamos totalmente de acuerdo en hacer de nuestro bebé un caballero o una dama para el futuro. Pues es cierto que en eso, lo que no viene de cuna, nunca se aprende en lo profundo. El respeto y la consideración, la delicadeza y la armonía harán la diferencia entre convivir en un espacio en armonía con alguien atento, o el tener que vérselas con un patán. No necesitas jurarme que recibiste esa seguridad en tu niñez, pues si algo se puede apreciar en ti en permanencia, es que eres todo un caballero. En el fondo, lo que se llama "tener clase" es sólo cuestión de seguridad auténtica, de respeto integral y de jamás franquear los límites hacia los demás. De ética, en suma. Eso como mínimo. Luego ya vendrá el "buen gusto", que es función -siempre complementaria- del orgullo.

Lo que sí desearía enfatizar un poco, antes de dejarnos ir a la categoría siguiente, la de Necesidades, es mostrar que la función más importante y también la más difícil de seguridad es la de diagnosticar. Tener consigo a alguien capaz de hacerlo con maestría y objetividad, es como ganar la lotería varias veces al día. Nada malo te puede pasar junto a alguien que diagnostica bien. Yo también he de agradecer a mi familia de origen el haberme dado muchísima seguridad en todo, pero más en particular, el haber tenido a un padre que era un verdadero talento en diagnosticar, tanto enfermedades como pequeñas alteraciones de la armonía. Tenía unos ojos azules preciosos y cuando me miraba serio, siempre venía al caso y eso era suficiente como para ponerme a llorar desconsoladamente, pues sabía que había obrado mal, que estaba dañando la armonía del hogar. Con ello, también creo que lo más importante es no solo diagnosticar a nuestro bebé para detectar peligros, ya sean físicos, emocionales o conductuales, sino enseñarle a diagnosticar pues es lo que más podría aportarle seguridad en sí-mismo. Pues, como veremos cuando lleguemos a la edad correspondiente, ese tipo de seguridad es la quintaesencia y la fuente del orgullo de verdad. Yo recuerdo que a los tres años dije un "no" rotundo a mis padres sobre cómo no quería que me llamen y que, como ese "no" era ético, inmediatamente acataron obedientemente. Y eso fue maravilloso para mi vocación de seguridad. El hecho de haber tenido a una madre que era una maravillosa educadora, también me garantizó esa seguridad y esa obediencia que es ya tan mía.

Enseñar a un bebé y a un niño a diagnosticar sólo es posible a través del ejemplo conductual de sus padres y –en menor grado– educadores. Tampoco hay que olvidar el papel esencial que desempeñan los abuelos, que son el refrendo o cuestionamiento de la "sacralidad" de los mensajes de los progenitores.

En efecto, si los padres suelen, con naturalidad y como primer deber y obligación hacia sus hijos, revisarse y detenerse cuando están patológicos, cuando sus emociones son falsas, para así mostrar verbal y conductualmente sus errores y a continuación rectificar y pedir disculpas al bebé o al niño, el infante aprenderá a diagnosticarse y a diagnosticar, como algo básico, elemental, absolutamente necesario para preservar la armonía propia y ajena, la ética de su recta conciencia. Si no fuera así, si los padres "jamás se equivocan, jamás fallan, jamás son peligrosos ni caóticos", sólo lograrán transmitir al infante un clima dictatorial y el mensaje "sométete a la voluntad de tus padres, pues si no, nunca serás respetado por tus hijos ni por los que tengan menos poder que tú. Sólo los débiles fallan y lo muestran. Orden es poder."

Así pues, ya sabemos a estas alturas que todos tenemos un patrón de funcionamiento innato y distorsionado que nos da cuerda y nos infla nuestra competencia, nos desconecta nuestro talento y nos prohíbe nuestra vocación. Si imponemos como ORDEN Y LEY a nuestro infante la supremacía incuestionable de nuestra propia inflación, la envidia con la que actuamos nuestro talento desconectado y el tabú que imponemos adentro y afuera hacia nuestra vocación, el niño entenderá que la vida es sólo un valle de lágrimas y de sacrificio, que los fuertes erráticos mandan, que Dios es un chapuzas auto-idolátrico y que sólo repitiendo el esquema y esa seudo-ley desordenada e inversora, encontrarán su lugar en la sociedad, y con éste, la aceptación del entorno. No es de extrañar pues, que a los tres años, el 98% de los niños ya hayan tomado tan funesta decisión y a los siete años ya estén absolutamente automatizados en el mal funcionamiento de su perfil propio. Y lo peor es que, de ese desorden, nazcan tópicos y clichés sobre lo inevitable y lo "normal" de la inversión del orden. ¿Cómo quieres, querido Hombre, que no se nos pongan los pelos de punta en el caos absoluto?

Y tampoco está de más recordar –machacar casi- que eso Requisito de seguridad y de armonía es todo lo opuesto a un clima de opresión o a un clima dictatorial si la seguridad tiene como base la auténtica alegría con la cual se esperó al bebé, la cual tiene como base el amor verdadero y altruista entre sus padres, el cual tiene a su vez como origen el orgullo del otro primero, de sí después, al valorar como lo más admirable, valioso y deseable al sexo opuesto.

Y sí, el miedo rige órganos vitales como la piel, los riñones y el sistema inmunológico. Y al no funcionar lo amenazan. La alergia es causada por falsa alegría en vez de miedo auténtico. Y el miedo en vez de amor sumado al amor falso eufórico e idolátrico en vez de seguridad, causan las enfermedades pulmonares. Eso lo investigué durante dos años enteros en el Hospital de la Princesa de Madrid, pero luego lo pude comprobar siempre.

Hombre: ¡Vaya, Mujer, qué interesante la relación entre el miedo y el cuerpo y sus enfermedades! Eso podría suponer un avance espectacular en la prevención y tratamiento de las enfermedades…

Ahora sí, tras el exhaustivo análisis que hemos dado a los requisitos, quiero contarte lo que entendí por NECESIDAD, la segunda categoría que defines, para ver si estoy en la onda correcta. Tu definición de NECESIDAD es como sigue: *"PRIVILEGIO relativo al estatus, talla e importancia relativa y objetiva de la persona o de la creación."*. Me gusta mucho la separación que haces entre este concepto y el anterior y el por qué veo que van en ese orden: La necesidad parte del orgullo del ser mientras que el requisito parte de la seguridad del poder ser. Si no puedes ser, porque no te dejan o te lo impiden, no hay ser al que privilegiar. Y me fascina el uso que haces de la palabra privilegio, tan alejada del uso común. Aquí el privilegio es relativo a toda persona, por estar en la fase de edad en la que está, independientemente del credo, extracto social, raza o sexo, cuando de siempre, por el contrario, el privilegio ha estado unido precisamente a estos conceptos.

La NECESIDAD, en el caso del cuidado del niño, es, como muy bien indicabas, la de respetar y cuidar su competencia, admirar y aprender de su talento y borrarse ante su vocación, si bien esta última es tratada en la tercera categoría, MOTIVACIÓN, a la hora de promoverla e incentivarla. Entiendo que esta necesidad, aun siendo más importante en esta fase de la vida, será una necesidad de toda persona a lo largo de toda su vida, ¿no, Mujer? Además de cualquier otra necesidad que pueda tener un ser humano, la de que se le trate como a un individuo único e irrepetible será constante a lo largo de su vida. Si ante cualquier persona cuidamos su competencia, admiramos y aprendemos de su talento y nos borramos ante su vocación, la persona florecerá mostrando ese ser único que todos tenemos. Si por el contrario, y como sucede habitualmente, tratamos a cualquier otra persona tal y como no nos gustó a nosotros ser tratados, estaremos cercenando su ser, y si la tratamos simplemente en función de su competencia, dándole a ésta cuerda, y mostramos envidia ante su talento y miedo ante su vocación, estaremos no sólo cercenando su ser sino aprisionándolo dentro de su tipología de personalidad.

Para poder hacerlo bien, es imprescindible saber **diagnosticar** a los demás, como muy bien muestras, Mujer, pues si no, daremos palos de ciego y, aún con amor y buena intención, haremos las cosas al revés. He aquí otra razón por la que el requisito (diagnosticar) está antes que la necesidad (tratar adecuadamente al ser del otro).

Volviendo a la Necesidad del niño, ser alentado y valorado en su talento es, dentro del respeto a su ser, su Necesidad básica y primordial. Creo que como receta no estaría de más decir a los progenitores que ante cualquier asomo de envidia o amargura por su parte hacia su hijo, se encienda una alerta y se paren a sentir qué emoción está actuando su hijo para ellos sentir esa envidia o esa amargura. Y que se digan que están ante el talento de su hijo, lo que más genial le puede hacer, lo que, como tan bien dices, lo hace diferente, entrañable y único. Si la envidia y la amargura surgen cuando nuestro hijo se muestra totalmente armónico y sereno ante el caos aparente, su talento será el miedo y el universo de la seguridad. Si surgen cuando nuestro hijo se muestra claro ante el aparente problema, su talento será la tristeza y el universo del desarrollo. Si cuando se muestra ecuánime y tajante ante la manipulación, su talento será la rabia y el universo de la justicia. Si cuando admirador de lo que le supera ante la aparente desvaloración general, su talento será el orgullo y el universo del estatus, si cuando amoroso y acogedor ante el extraño que no es parte del clan, su talento será el amor y el universo de la pertenencia y, por último, si cuando extasiado ante una verdad que todos o los más negamos, su talento será la alegría y el universo de la plenitud. Si ponemos esto en práctica, rectificamos, nos disculpamos y lo hacemos bien, estaremos dando a nuestro hijo su mayor Necesidad ahora, la seguridad en su ser.

Para acabar mi turno, Mujer, me parece muy acertado el que una Necesidad, cuando la talla del ser o de la creación se convierte en histórica, mute hacia la categoría anterior y se convierta en Requisito y Derecho. Así debería ser cuando la persona, por su talento especial, es capaz de traernos a todos un trocito de eternidad y no digamos cuando la persona, por su crecimiento y su ser, es capaz de brindarnos a todos una autopista para que esa eternidad pueda ser percibida, parafraseando nuestro título, como de andar por casa, ¿no crees, Mujer admirable?

Mujer: Lo que creo, Hombre socio, es que has maravillosamente bien ilustrado y diferenciado el Requisito y la Necesidad ¡enhorabuena! Me temía que estos descubrimientos, que surgen de la necesidad de despejar confusiones y de retirar parches acomodaticios, iban a ser más difíciles de asimilar. Así que me estás proporcionando una gran alegría ¡gracias!

Y antes de ir a la siguiente categoría, tengo algunas precisiones que hacer a raíz de tus acertadas reflexiones: la noción de privilegio está absolutamente relacionada con la talla o importancia objetiva de la persona. Por ejemplo, tratar a un Rey de "Vos" o de "Su majestad", no es un favor que se le hace, es un reconocimiento y acatamiento a su estatus, es evidenciar que somos civilizados y que no somos unos incultos. Y dar a un genio el beneficio de la duda, al apostar que está acertando y aportando algo increíblemente importante cuando habla de la materia que, no sólo domina, sino que nos hace saltar a una escala desconocida y mejor, es lo menos que viene al caso aunque bien sea para no hacer el ridículo. Eso no es someterse y acobardarse ante argumentos de autoridad que son expresiones dictatoriales nacidas de la fuerza, del poder y del deseo de anular la capacidad digna de no ser humillado, sino otra cosa, bien opuesta en este caso. Es la oportunidad de ofrecerse así la posibilidad -al compartir y entender algo superior- de crecer en orden de lo humano al tiempo que de evidenciar ser digno de ello.

Y sí, digamos que ofrecer a un ser vivo esa emoción circunstancial pero indispensable para su franja de vida —en el caso del bebé y del niño, seguridad- es un Requisito así como el valorar y reconocer su Competencia, pues ambas son indispensables para SOBREVIVIR; que la valoración y admiración por su Talento es una Necesidad para VIVIR y permitirle ser simplemente útil; que el pasmo agradecido ante su vocación es ya una Motivación para DARLE SU TIEMPO Y ESPACIO PROPIOS y que eso es un regalo maravilloso primero para uno mismo. Bueno, ya me dirás tú en la próxima visión tuya.

Y tienes toda la razón al criticar que, habitualmente, solemos - cuanto más y si somos buenos- tratar a los demás como nos gustaría ser tratados y eso es producto del egoísmo, del narcisismo y de la avaricia. Además, esa actitud proyectiva favorece que el otro se proyecte también en ti y llegamos así a la simbiosis y al enloquecimiento, confundiendo fronteras entre nosotros y el otro. No sólo perdemos seguridad, sino dignidad, además de hacer el ridículo, pues no somos la medida de lo admirable ni de lo bueno; el otro también merece que lo veas como bueno aunque diferente a ti ☺. Luego hay un peligro mayor: abrimos la puerta a la máxima amenaza: la de acoger, derrumbando defensas en contra, a los psicópatas, es decir a los manipuladores profesionales que entendieron desde siempre que la peor manera de enloquecer, desnortar, destruir al otro es proyectando el mal propio en el otro y retro-proyectando el bien ajeno en uno, como buen plagiario. Si somos criados en la seguridad, aprenderemos a diagnosticar a esos criminales de guantes blancos y a no sólo alejarnos de ellos, sino a defender a los inocentes de sus destrozos. Podremos transformar así muertes anunciadas en cantos de vida.

Además, cada etapa de la vida, cuando recibe lo que más necesita, se convierte en fortaleza, en autonomía, en un cimiento fuerte y valioso para nutrir a los demás y enfrentar todos los retos de la vida propia. Y, sobre todo, se convierte en la única base firme para sostener sanamente el siguiente requisito a alcanzar. Si no recibimos lo que necesitamos en cada fase de nuestra vida, transformaremos en SEUDO-NECESIDADES-NEURÓTICAS el requisito no adquirido. No sólo seremos frágiles, inseguros e insaciables en eso que nos faltó, sino que estaremos resentidos contra la vida y nos vengaremos sobre los más frágiles y vulnerables, nuestros bebés, negándoselo. ¿No es esto aterrador?

Hombre: ¡Vaya si lo es, Mujer amiga! Me recuerda a los padres de tu cuento de *"La niña de las luces"*[7] y a los prisioneros del mito de la caverna de Platón… Aterrador del todo. Y precisamente su contrario, el sí recibir lo que más se necesita, ¡qué bueno es! ¡Así sí!

Aterradora es también la figura de los sociópatas. La escasa capacidad de diagnóstico generalizada permite que estos seres terroríficos campen por sus respetos entre la sociedad y cometan sus atroces fechorías sin que ni siquiera se los detecte. Es más, ante las desgracias que provocan, suelen ser vistos como los más buenos y abnegados. Menos mal que existen iniciativas

---

[7] N.E. Cuento del libro *"Cuentos de la abuela"*, de Preciada Azancot. ISBN 9788461174768.

que los describen y los denuncian, como tu libro *"Sociópatas de cercanías"*[8] o el libro *"The Sociopath Next Door"*[9] de la prestigiosa psicóloga de Harvard Martha Stout. Ambos son ejemplos de denuncia valiente y lúcida contra los malvados.

Dejando los terrores momentáneamente de lado, pasamos entonces a la tercera categoría. Tras los Requisitos y las Necesidades, vienen las MOTIVACIONES, en tu definición, *"IMPULSO y deseo de cambio, de plenitud, de completitud, un arrancador hacia la evolución SOBRE LA BASE DE ALGO YA REAL Y OBJETIVO"*. Y las Motivaciones, como apuntabas, están relacionadas con la vocación de la persona.

O sea que, resumiendo tu propuesta de categorías hasta ahora, los Requisitos están relacionados con la emoción dominante según la franja de la vida y con la Competencia de la persona, indispensable para su supervivencia, las Necesidades con el Talento de la persona, necesario para vivir y las Motivaciones con la Vocación de la persona, que le permiten a la persona disponer de su tiempo y espacio propios.

Tu propuesta, Mujer, tiene la belleza de la verdad.

Hablando de vocaciones, mi experiencia ha sido que hasta que no supe cuál era mi vocación y aprendí –gracias a ti, Maestra– cómo recuperarla y actuarla, mi vida realmente no tenía sentido

---

[8] N.E. "Sociópatas de cercanías", de Preciada Azancot. ISBN 9788461174782.
[9] N.E. "The Sociopath Next Door" ISBN 9780767915823.

ni en lo trascendente ni en lo cotidiano, pues si lo cotidiano no te lleva a lo trascendente, no dejas de pasar por la vida como si fueras un saco de patatas –quiero decir el saco mismo, pues la patata te superaría en ese punto, claro ;-) -. Y además, me pasó una cosa extraordinaria; el tiempo dejó de ser lineal, y en semanas me podían pasar y me pasan cosas que antes hubiera pensado que llevarían una vida. Tienes toda la razón cuando dices que es lo más sagrado en el bebé, y que si niegas eso al niño provocas que su vida sea trivialidad y sinsentido. Cuando la vocación del niño es alentada y ésta florece, como bien dices, es un regalo maravilloso primero para uno mismo porque percibes en él la perfección de la emoción y del universo correspondiente. Mi hijo pequeño, cuya vocación es el amor y el universo de la pertenencia, te lo muestra cuando te mira y te echa los brazos, ¿verdad que sí?

Sería maravilloso que a todos los niños se les alentara su vocación. Como mínimo, que no se les prohibiera… Aquí entra un importantísimo impedimento que apuntabas y es el de que se requiere un sentido de finalidad en uno mismo para poder reconocer y alentar la vocación en el niño. La solución buena al impedimento existe, aunque no sé si sería generalizable: formar a los padres y brindarles las herramientas adecuadas para encontrar su sentido de finalidad. En todo caso, nos quedaría como consuelo una receta similar a la propuesta relativa al talento: decir a los progenitores que ante cualquier asomo por su parte de idolatría, de miedo, o ganas de aterrar a su hijo, se encienda una alerta y se paren a sentir qué emoción está actuando su hijo para ellos sentir esa idolatría o ese miedo o esas ganas de aterrarlo y dejarlo solo por malo. Que piensen que deberían sentir simplemente alegría no exaltada ante lo que están presenciando, y que lo practiquen hasta que les salga de manera natural ¿sería así, Mujer?

Por último, y antes de entrar en la cuarta categoría, quisiera hacerte una pregunta: ¿dónde ubicamos las emociones que quedan fuera de la competencia, del talento y de la vocación, las que tú denominas originarias? A mí me parece que deben estar dentro de los Requisitos, pues son emociones que están bien y sanas y es un derecho del niño mantenerlas bien y sanas, pero quizás me equivoque… ¿Puedes tú orientarme, querida Mujer?

Mujer: Permíteme, amigo Hombre, que te haga una pequeña "demostración terapéutica" contigo para responder a tu pregunta. Como toda persona de tu tipología de personalidad –Constructora en este caso– tu competencia es la tristeza, y con ella el desarrollo, el análisis, la claridad, la mente en suma. Reconocerte, respetarte, alentarte esa **competencia** es un requisito indispensable para que tú te sientas tú. Para que vivas ese universo en la maestría del cual te has entrenado durante toda tu vida fetal, es decir en el lapso de tiempo portentoso y signado por los cambios y mutaciones en que tú decidiste nacer, ser y vivir. En otras palabras, **fue casi un precio a pagar por el derecho de nacer en un mundo aún no perfecto** y en evolución incipiente. Porque esa emoción dominante, te las has tenido que "currar" en permanencia para equilibrar, compensar y resistir a la emoción dominante de tu madre durante su gestación de ti. **Te la has ganado a pulso y con dolor**. También con molestias, porque aunque en un momento dado hubieses estado en tu emoción más fuerte originaria, o más excepcional –tu talento-, o más maravillosa –tu vocación-, en cuanto tu madre se situaba en su emoción dominante circunstancial, tú te veías obligado a dejarlo todo e ir a compensar el desbalance neuroendocrino del útero debido a la sobrecarga emocional de la que te gestó, y situarte así en tu propia emoción dominante. Era eso o decidir morir. Cuando lo hacías, sentías que te era obligado "trabajar y buscarte la vida" y también dos cosas: que aceptabas al otro –en este caso a tu madre- aunque no fuera perfecto ni coherente pues "debería haber sido ella la que te acompañe a ti y compense los desequilibrios de tu armonía perfecta, y no tú, tan pequeño e insignificante, a ella" y supeditabas tus necesidades a sus circunstancias que ni siquiera podías entender. Así que tú, como todo ser vivo gestado, te estabas borrando por amor y aun así tu "¡sí!" a la vida era total, porque si no, te hubieras ido al miedo o a la rabia y tu madre hubiera tenido un aborto porque tú no deseabas vivir a ese precio. Date cuenta de que para ti, como para la Competencia relativa de cualquier ser humano de cualquiera de las seis tipologías innatas, la tristeza era, es y será tu pasaporte, tu hipoteca liquidada, tu parte del trabajo de ser, nacer y vivir. Así que vértelo reconocido es vivido –y en toda justicia- por ti como tu particular derecho mínimo e incuestionable para creer que tu vida vale la pena, que tu vida es legítima y no un error tuyo. Y sabes ya por experiencia que si alguien no te quiere, te envidia, te quiere loco y sometido, le basta con negar los dolores y problemas que puedas ver y querer resolver, disparándote así fuera de la realidad, en una euforia que niega el dolor, la pérdida, los hechos, los datos, y que entonces caes en un "jijí-jajá" enteramente loco, maníaco, que te hace creer y afirmar que lo que "no hay" es tu refugio y tus medios verdaderos y que lo que "sí hay" es tu pérdida. ¿O no? Entonces la Competencia es el mayor requisito y derecho por ende. Más que la emoción vital de turno.

Además, si te dan desde que vienes al mundo, seguridad, es decir fronteras inequívocas y protegidas entre tu ser y el de otros **¿quién podría decirte a ti que no se te da con la mano izquierda esa función** de claridad y desarrollo con la que viniste más que entrenado a este mundo? Negar la competencia es un delito porque es un asesinato, no sólo del ser, sino del saco donde colocar las patatas. "Eres una aberración de la Creación, un no-ser, un accidente peligroso que hay que erradicar" es el mensaje que se recibe. Es el mensaje que TODOS los seres humanos, los animales, los vegetales y los elementos reciben, como la negación máxima de su simple utilidad y función en esta vida.

Tú mismo, Hombre, acuñaste esa fórmula que me encanta: **"Quién puede lo más, puede lo menos"**. Y lo menos, es la competencia. Que te permitan sobrevivir, aunque no completo ni realizado, pero vivo. Mientras que si te prohíben tu talento, te reducen a la esclavitud, pero con opción a liberarte de quien te lo prohíbe. Por eso el talento es sólo una Necesidad, muy dolorosa cuando no se tiene, pero no mortal. Es como vivir en una silla de ruedas, pero vivir, sin conciencia del Designio, cierto y estando discapacitado e impotente, pero con vida. La vocación es lo exaltante, maravilloso, casi mágico relativo, y por ello nos trae la vivencia de finalidad, de plenitud, de elevación espiritual, de infinitud en la bondad y generosidad del Universo. Pero es sólo una Motivación y no un requisito. Siendo las emociones originarias un Interés muy fuerte, pero sólo eso. Cuando tengas el concepto de SEGURIDAD enteramente digerido, asumido y asimilado podrás tocar perfectamente dónde está el peligro de no obtener (y lo más seguro y sólido cuanto menos indispensable) lo necesario. Si te niegan la emoción-roca, la que sabes más sólida, sana y válida en ti, la que sabes la más "NORMAL" en suma, verás al otro como un anormal y le dirás "¡Tú mismo!" y te alejarás, privándole de ti. Sin más conflicto ni inseguridad interior. Recuerda que estamos analizando la seguridad. ¿Cierto?

Y entonces, si también me lo permites, me gustaría que tú mismo analices estas primicias y me expliques racionalmente ☺ por qué algo que sólo moviliza el 20% de nuestra capacidad de transformación –como lo es la Competencia- es más necesario que lo que moviliza el 40% de partida –el talento- y aún más importante de lograr que algo que moviliza de partida el 80% y nos hace plenos –la vocación- y muchísimo más importante de lograr que lo inderrumbable, que es **germen de lo mutante** –las emociones originarias-.

En otras palabras, Hombre: ¿ves dónde está la diferencia entre una escuela de gurús mágicos enloquecedores y otra que te construye y reconstruye de verdad, de tradición socrática como la nuestra?

Y como hablamos de seguridad, hagamos una visualización con la tuya. Dime: ¿Cómo sería alguien que niegue tus problemas, te enseñe a no compartir tus penas, dé lisonjas a tu orgullo para transformarlo en vanidad de macho, niegue la presencia de manipulaciones y abusos, culpándote a veces por las que no cometes y se haga parásito de tus emociones originarias, el amor y la alegría que guardaría como "promesas" que esa persona te entregaría "el día en que te sometas por completo y te identifiques con esa caricatura invertida de héroe de bolsillo" que da de ti?

Hombre: ¡Muchísimas gracias por lo aclaratorio y liberador de tus palabras, querida Mujer!

La explicación sobre la importancia relativa de más a menos de Competencia, Talento y Vocación y su relación con Requisito, Necesidad y Motivación ya la has dado tú de manera magistral… En todo caso, encantado de hacer un análisis racional del tema ;-)

Mi análisis va ligado al orden de las escalas que estamos viendo:

Al igual que al construir una casa, los cimientos, una vez realizado el hueco en el terreno, puestas las zapatas, los puntales, etc. y echado el hormigón, no se ven, pero son la parte más importante, la única base que asegura que cualquier otra estructura podrá sustentarse sobre ella, así es la Competencia en las personas: Sólo moviliza el 20% de nuestra capacidad de transformación, pero sin ella actuada, la persona se desmorona y deja de ser persona. Como muy bien apuntas, en mi caso la Tristeza. Si la tristeza la niego o me la niegan, si no quiero ver los problemas ni pensar, si no quiero resolverlos, me convierto no ya en patata ni en saco de patatas, sino en la nada, el no-elemento, el loco de atar que, como muy bien dices, he vivido en mis propias carnes. Siguiendo con el símil de la casa en construcción, cuando los cimientos no son adecuados o no son seguros o se han puesto de la manera más rápida y barata posible, por mucho que gastemos a partir de entonces en bellos muros de piedra y zócalos de las mejores maderas, tendremos una casa inestable, insegura, sin futuro cierto y, no tan grave pero muy desagradable y muy ilustrador del símil, con "malos olores". ;-)

Si y sólo si la competencia está bien asentada, podemos acceder al talento. En nuestro símil, las paredes, las puertas, los suelos, las calidades de los materiales empleados, lo que hace que una casa tenga presencia, tenga clase, se vea como algo sólido y duradero, será lo equivalente al talento. Así que, ¿invertiríamos en esos materiales y en esa solidez si los cimientos sabemos que no están bien? Más nos vale asegurar una correctísima cimentación antes de pretender crear algo sólido y duradero. Así sí, tras el Requisito de la Competencia, accedemos a la Necesidad del Talento.

Abundando, sí y sólo si la competencia está bien asentada y sí y sólo si el talento está después asentado y actuado, podemos acceder y vivir en la vocación. El estilo de decoración, los cuadros, las alfombras, los textiles y ropas que visten una casa, las plantas y la iluminación que dan la vida a la casa serían equivalentes a la vocación. Imaginemos una casa con malos materiales de construcción, descuidadamente construida, sin distribuciones armónicas, con escasas ventanas, bajos techos y retorcidas escaleras. ¿Sería habitable, cómoda y confortable por mucha decoración y muchas bellas cortinas, alfombras, cuadros y lámparas que pongamos? Difícilmente, ¿verdad, Mujer? Pues así sucede con la vocación en relación a la competencia y al talento.

Si me lo permites, y ya que estoy en racha "constructora", seguiré con los símiles para ilustrar la diferencia entre una escuela de gurús mágicos enloquecedores y otra que te construye y reconstruye de verdad, de tradición socrática como la nuestra: Veamos a la persona completa como un velero con su timonel. La escuela "gurúsica" te prometerá darte, como por arte de magia y en tiempo récord, al timonel perfecto (Vocación), diciéndote que ya tienes al mejor velero (Competencia y Talento) -que tú construirás en dos patadas porque el conocimiento te ha sido imbuido- con el mejor timonel y estás listo para hacer una travesía oceánica en solitario. Una escuela como la nuestra te enseñará primero a cómo construir un casco insumergible con la necesaria flotabilidad (Competencia). Te acompañará a aguas poco profundas en puerto a cerciorarte de ello. Tras ello, te enseñará y te ayudará a construir el aparejo (conjunto de velas, palos, drizas, poleas, obenques, etc.) y el timón y demás elementos de gobierno (Talento) y te acompañará a probar la bondad de lo construido en aguas costeras. Por último, recibirás las necesarias clases teóricas y prácticas para gobernar la embarcación como un buen timonel (Vocación). Comenzarás a navegar de grumete y a medida que vayas adquiriendo habilidades y destrezas, irás asumiendo mayores retos para los que estarás preparado. Hasta que llega el día en que puedes afrontar una travesía oceánica en solitario. No necesito pensarme mucho a qué escuela de navegación me apuntaría si mi objetivo fuera la navegación oceánica…

Respecto a la visualización sobre mi seguridad, alguien que niegue mis problemas, me enseñe a no compartir mis penas, me dé lisonjas al orgullo para transformarla en vanidad de macho, niegue la presencia de manipulaciones y abusos, culpándome a veces por ellas y se haga parásito de mis emociones originarias, el amor y la alegría que guardaría como "promesas" que esa persona me entregaría "el día en que me someta por completo y me identifique con esa caricatura invertida de héroe de bolsillo" que da de mí, ¡me pone los pelos de punta, y no sólo los de la cabeza! Sería una persona como para salir corriendo de inmediato. Lo que me aterra es cómo podría vivir eso sin darme cuenta. Y lo peor, más aterrador, no es un "cómo podría" hipotético sino cómo he podido; pues vivirlo, lo he vivido y cómo podría volver a caer en ello… Porque, claro, si pasar por ello una vez es demencial, repetir ya ni te cuento.

En mi caso, la única explicación que encuentro es que, de forma intermitente, yo mismo caiga en lo que me comentabas más arriba: en negarme los dolores y problemas que podría ver y querer resolver, disparándome fuera de la realidad y cayendo en un "jijí-jajá" enteramente loco y, al final, suicida. Lo importante aquí, y de forma general, es lo que me decías en una de nuestras últimas conversaciones, a saber: al menos ser capaz de detectar a tiempo en uno mismo qué se está cayendo, parar a tiempo y rectificar. ¿Podría ser, Mujer, que el principio de todo este tipo de problemas empiece de forma general al negarnos a nosotros mismos la Competencia a fin de no ver la realidad que nos rodea?

Mujer: ¡Bravo! ¡Lo has pillado! Yo no paro de repetir que jamás podríamos hacer a otro lo que no nos hemos hecho a nosotros mismos antes. Para bien y para mal. Mientras guardes a salvo tu Competencia, tu talento ya recuperado surgirá solo y le seguirá la vocación que ya conquistaste. Mientras seas capaz de admitir y de asumir las imperfecciones, las faltas, los errores, como algo normal que hay que solucionar pero jamás negar ni descalificar, nunca te exilarás de ti-mismo ni, más importante aún, jamás harás daño a los mejores. Y me encantó tu símil de la casa y de la escuela de navegantes. Lo comparto por completo. ¿Vamos a la categoría siguiente o más bien a las dos que quedan por co-mentar, Hombre?

Hombre: ¡Mil gracias, Mujer! Te agradezco enormemente tu ayuda. Ahora lo veo más claro y tengo ganas e intenciones de no repetir comportamientos tan nocivos. Vamos allá entonces, aligerados de cargas, como en un amanecer claro tras los grises nubarrones.

En orden de importancia, de más a menos, después de los Requisitos y de las Necesidades vienen las Motivaciones. Refrescando tu definición -MOTIVACIÓN: *"IMPULSO y deseo de cambio, de plenitud, de completitud, arrancador hacia la evolución SOBRE LA BASE DE ALGO YA REAL Y OBJETIVO"*-, la Motivación así entendida está íntimamente ligada con la Vocación, de la que ya hemos estado hablando. Aquí se trata de, primero, detectar la vocación del bebé para, luego, alentarla y agradecerla máximamente, con alegría verdadera, con la alegría que da el ver fluir a nuestro hijo en paz y en libertad. En este punto es importante, además de lo que decíamos sobre los problemas de la detección de la vocación, no caer en la alegría exaltada que acaba en idolatría, pues nuestro hijo se desnortaría y se creería un semi-dios o, en el mejor de los casos, un bicho raro sin sitio claro en este mundo.

Si somos capaces, aplicando la receta que explicábamos anteriormente, de conocer la vocación de nuestro hijo, nuestra labor será la de evitar a toda costa que sienta miedo en lugar de ésta. No es ésta una labor baladí: el bebé, por el simple hecho de ser humano y de haberse formado en sus primeras etapas en el útero de su madre, tiene una ecuación emocional desbalanceada. Sin entrar en detalles que puede encontrar el lector interesado en el libro **El Esplendor de lo Humano** de *Doña*

Preciada Azancot[10] –perdona Mujer que no te llame Mujer en este caso ;-) -, la emoción correspondiente a la vocación del niño, por precisas leyes descubiertas y descritas en el citado libro, es vivida por el feto como una liberación de tal magnitud, que éste le confiere un significado altamente espiritual, digamos que religioso. Es por ello que cuando al niño se le agrede en su vocación, siente como que le quitamos el derecho a existir, que le quitamos todo el sentido a su vida. Aún en el caso de que no se le agreda, si no prestamos atención a su vocación, si la ignoramos o la damos menos importancia que a otras emociones, estaremos desubicando a nuestro hijo, haciéndole sentir perdido.

Como ya hemos visto en el orden de las escalas, insistimos en que el tratamiento de la Vocación del niño debe hacerse cuando esté bien tratado su Talento y éste, cuando esté bien tratada su Competencia. Si no, estaremos jugando en la misma liga en la que juegan las escuelas "gurusas", cosa que da mucho asco, ¿no?

Así pues, finalizamos el repaso a las tres primeras escalas, enlazadas con la Competencia, el Talento y la Vocación de nuestro hijo, a su vez enlazadas con tres de las seis emociones innatas del ser humano. ¿Qué ocurre con el resto de emociones que, tú, Mujer, denominas originarias? Pues, como has venido

---

[10] N.E. Ver *"El esplendor de lo humano"*, de Preciada Azancot, capitulo 4, punto 4. ISBN 9788461311644.

apuntando, están ligadas a la cuarta categoría, la de los Intereses. Veamos:

En tu definición -INTERÉS: *"CURIOSIDAD despierta que puede originar un impulso hacia la motivación"*, queda implícito que el Interés debe venir en este cuarto y último lugar, pues sin las tres escalas bien cubiertas y atendidas en su orden de importancia, el Interés no tiene ningún interés. ;-)

Ahora bien, si hemos conseguido que nuestro hijo tenga bien cubiertas y atendidas las tres escalas anteriores, es absolutamente necesario cuidar, acariciar y mimar lo sano y valioso que trae nuestro bebé al nacer para que éste se pueda sentir un ser humano pleno, con sus seis dimensiones funcionando en perfecta sincronía y armonía.

Que bello sería y que sano sería que nuestro hijo tuviera sus requisitos, cubiertos, alrededor de su competencia, sus necesidades, cubiertas, alrededor de su talento, sus motivaciones, cubiertas, alrededor de su vocación y sus intereses, cubiertos, alrededor de sus emociones originarias. Que bello sería y que sano sería para todos, que funcionáramos así. Asi si que tendríamos SEGURIDAD de la buena, los mejores cimientos en el momento adecuado.

Mujer: Sí, Hombre, y de modo orgánico, de manera normal en suma. Tengo sólo dos reflexiones antes de invitarte a pasar a la adolescencia del aún niño y de sus requisitos. La primera reflexión, que muestra lo orgánico y normal de estas definiciones y contenidos (de requisitos, necesidades, motivaciones e intereses) atañen a la perfección de lo creado (ya sabes que todos mis descubrimientos vienen a mostrar dicha perfección). En efecto, mientras la Competencia nos costó trabajo -como ya mostramos y verdaderamente explico a fondo en el libro que acabas de citar-, el talento nos costó menos, pues es la ley de funcionamiento interno, pre-innato, que traemos genéticamente incorporada, la que nos alienta a reforzar y buscar, el talento, para compensar con creces lo laborioso de nuestra conquista de la competencia. En cuanto nuestra madre suelta la emoción dominante de nuestro embarazo, caemos en la siguiente secuencial la que, por ser vivida como una liberación, nos aporta la sensación de plenitud y que transformamos en nuestra vocación. Pero en cuanto nos hemos quedado en esa emoción maravillosa un buen rato -vivido como siempre corto-, nos sentimos llamados a ir a la emoción opuesta a la emoción dominante materna -en el caso de las cuatro tipologías menos competitivas- o a aprender de la idéntica a la dominante de nuestra gestante, asumiéndola como nuestro talento. Y eso fue un impulso del Ser para ser más fuerte, menos vulnerable. Asumir el talento fue elegido, mientras que la Competencia fue inevitable, trabajosa e impuesta, por lo tanto más vulnerable.

Así que no nos cuesta nada dar orgullo y amor además de cuidarla, a la competencia, no sólo de nuestro bebé, sino de todo ser humano. Él nos da de modo excesivamente generoso, de esa competencia millones de pruebas dolorosas y constantes, así que lo menos que le debemos es reconocerla y amarla. El Talento, además de ser más fuerte y elegido, es justamente y como su nombre indica, de una calidad excepcional, es talentosa con virtualidad de genialidad si se depura y se cultiva. Así que el que la tiene, está muy seguro de sí, y no necesita tanta cantidad de demostraciones ni de refuerzos. Y la vocación aún menos, pues cuando estamos en ella estamos habitando nuestra propia definición de un Dios Bueno, de un Dios Padre. Así que acompañados por Él, necesitamos emoción y conmoción del entorno, pero corto y rotundo, como es la Inmanencia. Para nuestras emociones originarias intactas, como son la roca interior, sólo necesitamos que no nos las descalifiquen. Si nos las aplauden, mejor, pero no nos gusta recibir alabanzas que estimaríamos empalagosas o idolátricas, porque nos darían asco y sentiríamos que el otro es un adulador.

Y mi segundo comentario, corto, es que sólo necesitamos sensibilidad y nada de tópicos y de prejuicios, para dar a nuestro bebé lo que necesita. Pues lo que es requisito, se manifiesta de modo diferente de lo que es necesidad, la cual a su vez dista de las manifestaciones de las motivaciones y éstas de los intereses.

133

Cuando estamos seguros de algo, estamos menos crispados, menos vulnerables, menos hambrientos de justicia. Y nuestro bebé es muy sabio y coherente cuando nos las muestra tan diferenciadas. No tener sensibilidad suficiente para dar la respuesta acertada, sólo demuestra falta de tristeza o más bien ¿tal vez una adolescencia dónde se recibió amor en vez de lo debido? Adivinas qué será el requisito de la próxima etapa de la vida de nuestro ya niño ☺ ….

METODOLOGÍA MAT DE SEGURIDAD

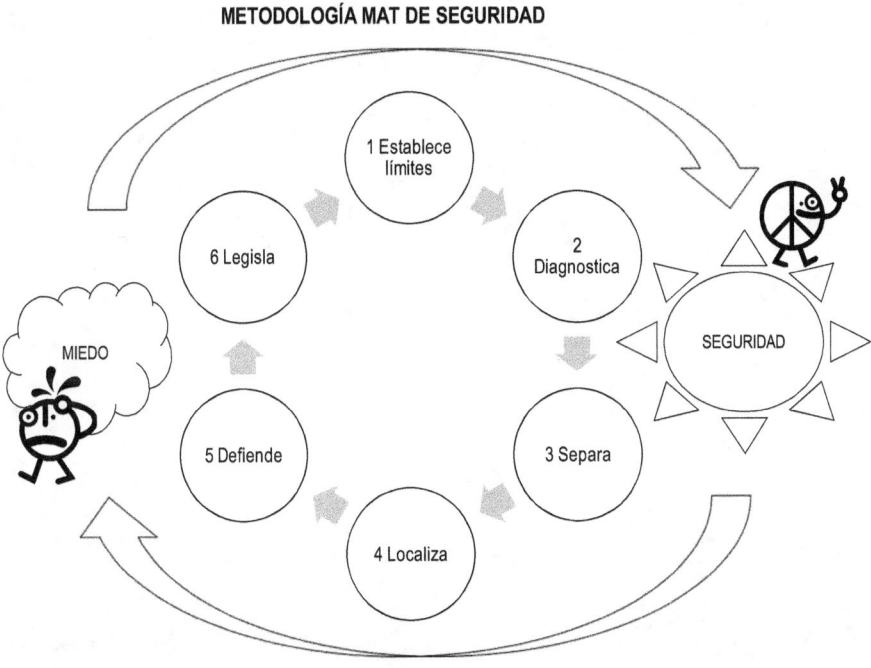

Capítulo 4 – La adolescencia y primera juventud – de 10 a 19 años: Edad inteligente y comunicativa

Hombre: Muchas gracias, Mujer, por centrarme tan bien al toro ☺. Pues la falta de sensibilidad es, tal cual, falta de tristeza, y la tristeza es una emoción preciosa que nos debe permitir ser sensibles ante lo que se puede estropear, ante lo que se puede echar a perder. Tenemos ya a un niño en seguridad, capaz de ser él mismo, defendido por sus propios medios y por los nuestros ante los ataque a su integridad y ante los ataques que él podría realizar sobre los demás y sobre su entorno. A partir de ese punto, es esencial preservar ese estado primero y ver después qué habilidades y conocimientos debe nuestro niño-adolescente desarrollar para formar parte de este Mundo, comunicarse y compartir. Y eso requiere de sensibilidad, ¿no es cierto? Así pues, ante la pregunta de cuál es el nuevo requisito del niño transformándose en adolescente, vemos que está relacionado con la sensibilidad y por tanto, con la capacidad de percibir lo que se puede estropear, lo que se puede perder, lo que se puede malograr, lo que puede frenarse. Es esa misma sensibilidad la que nos permitiría buscar opciones, soluciones, remedios para evitar que se produzca esa pérdida.

En el capítulo anterior veíamos que el requisito para el bebé-niño era ofrecerle seguridad sobre la base de la secuencia orgullo-amor-alegría. También me comentabas, cuando hablabas de mi tipología de personalidad, que mi competencia era la tristeza y con ella el desarrollo, el análisis, la claridad, la mente en suma... Vemos también que la sensibilidad de la que ahora hablamos está en este grupo, es decir, que es parte de esa tristeza.

Entonces, creo que estamos en disposición de decir que, sobre la base de la secuencia orgullo-amor-alegría-miedo, **el nuevo requisito del niño-adolescente será la tristeza**, ¿voy bien encaminado, mi amiga Mujer?

Tendremos que analizar con qué se encuentra en la realidad social actual nuestro niño-adolescente y a dónde le conduce ello. Analizar también qué tenemos que actuar y qué tenemos que promover en nuestro hijo en esta nueva etapa y, por último, ver en qué consiste ese universo de la tristeza.

Mucho análisis por hacer y muchos problemas interesantes a los que proponer solución, ¿no crees, querida?

Mujer: Hombre, creo que si analizamos lo que la sociedad actual y no sólo actual nos indica que debemos a los adolescentes tras tratarlos como juguetes, con eufórica alegría durante la niñez, podríamos decidir si seguir la corriente imperante o nadar contra ella si fuera preciso ¿no crees, amigo? Lo que vemos por todos lados y lo que hemos recibido tal vez, es que al adolescente sus santos padres le deben amor sobre-protector a raudales. Y ese amor le sirve para verse tolerado todo lo que desee: discotecas, bares, ropa de marca para no desmarcarse de sus compañeros, alcohol, tabaco, cursos de kárate, de piano, de violín y de chino mandarín, y salidas donde desee y con quien desee, botellón incluido. Y naturalmente como el más amado aún no dispone de coche propio, para eso están los padres, tíos y abuelos, para servirle de chofer en todos sus ratos libres, atravesando la ciudad de punta a punta si necesario fuere. Y por supuesto que para que sus compañeros no se burlen de ellos, tendrán media docena de vacaciones al año, en lugares pijos, para que encuentren amigos tan pijos y de escaparate como ellos. Y ese amor sacrificado que recibe será una inversión segura para quien se lo da, pues como casi siempre el adolescente así criado es insoportable, ciclotímico, desorientado, mimético, caprichoso y rebelde, tendrá grabado a fuego dos mensajes –resulta sospecho que ese amor sólo se dé para eso y sólo sirva para ello-: el que sólo en su familia más próxima pueden amarlo incondicionalmente y que, por ende, nunca encontrará un amor igual, siendo éste y ningún otro el amor verdadero y también que –tal y como se le hizo en la infancia con el mensaje brujo: "¡diviértete ahora, que luego ya verás lo que vale un peine y tendrás que sufrir; porque esta vida es un valle de lágrimas!"- el amor es cosa de muchachitos inmaduros y de cuentos de hadas, pues la vida

139

de los adultos es seria, responsable y orientada a los deberes y sacrificios. Como bien queda actuado por quienes los educan.

Así que tendremos, a más de un niño sin límites y sobre todo sin conocimiento de quién es y quienes son los demás, un adolescente mimado y perdido, agitándose en grupos de pequeños vándalos urbanos y sub-urbanos, con permiso para asediar y acosar a profesores y a los más débiles o aplicados de los compañeros. Adolescentes imposibles de conocer por sus mayores, pues hablan su propio y encriptado idioma, chatean con gente excéntrica y marginal o tal vez hasta peligrosa, usan el móvil para todo menos para comunicar, aprenden el beneficio de la anorexia e intercambian datos sobre drogas de diseño probadas en la discoteca. Sin conocimiento de los padres y mayores, claro está.

Pero lo más grave de todo este montaje, es que **el niño va así a una universidad de SIMBIOSIS.** En efecto, si los padres monopolizan la tristeza –falsa, por lo demás- de sacrificio, aguante y penurias y al adolescente le corresponde ese amor –igual de falso, porque salvador de lo malo-, ese inmaduro no sabrá jamás pasarse de lo ajeno amputado, ni verse como una entidad perfecta y autónoma (recordemos que sólo la seguridad que le negaron la podría garantizar) y no sabrá buscar ni encontrar personas libres y enteras para convivir y para compartir. **Creerá que amar es amputarse de lo bueno -es decir que amar es una pérdida, un sacrificio-,** y unirse con alguien inmaduro y egoísta, aunque bien sea para sentir que pagó por lo que recibió, o peor aún, para sentirse superior y más importante que el que no se sacrifique, como él lo hace.

Y también, esa educación fomentará el egoísmo y prohibirá la compasión que sólo la tristeza auténtica enseña.

Y es que, esos pobres chicos jamás han aprendido a informar ni a compartir o dialogar, ni, mucho menos, a analizar datos fuera de los impuestos por la pandilla, ni a buscar información útil, ni a leer, ni a buscar soluciones: **No han aprendido a PENSAR sino a imitar y dejarse llevar**. Y de eso debería tratarse si queremos hacer seres humanos libres, autónomos, independientes. Bueno, al menos eso creo. No sé cual habrá sido tu experiencia como adolescente ni si compartes esa visión de la sociedad tal y como funciona hoy.

Hombre: Pues la verdad, Mujer, es que mi adolescencia trans-currió sin tanta agitación como tan magistralmente describes – visión que comparto absolutamente contigo-, pero creo que, de fondo, me pasaba lo mismo. Te cuento. Yo viví la mayor parte de mi adolescencia bastante aislado en un pueblo de montaña a una hora de la ciudad, así que de casa al colegio y del colegio a casa, y por las tardes, a estudiar o a leer. Es verdad que alrede-dor de los trece años comencé a fumar y me aficioné a la bebida de una manera poco habitual, esto es, como bebedor solitario.

De lunes a viernes era un hijo y estudiante modélico y los fines de semana, un bebedor compulsivo que, como mucho, salía con otros adolescentes del mismo tipo y hablábamos de novela negra, de gánsteres y de bebedores de whisky famosos. Siempre andaba enamorado de alguna compañera de colegio que no me hacía ni caso, llorando por el amor de mujer. Cuando alguna me hacía el mínimo caso, me enamoraba locamente, le susurraba palabras de amor y ella salía corriendo en búsqueda de chicos más normales, espabilados, más alegres y más aterrizados... PENSAR, lo que se dice PENSAR, pensaba poquísimo...

La situación en la que al adolescente se le da "amor incondicional" para grabarle a fuego los dos mensajes que dices, mientras él juega al jefe creyendo que tiene "la situación controlada" es absolutamente cierta y terrorífica. Esto se ve potenciado hoy en día más que nunca por unos padres que, alrededor de la cuarentena, están obsesionados por el estatus profesional, por la pérdida de su juventud y su vitalidad, con la manida "crisis de los cuarenta" de pareja, de amores y sexos. Con esa empanada que llevan los padres en la cabeza, sin un minuto de tiempo que dedicar a sus hijos adolescentes, les conceden todo tipo de caprichos y permisos, hacen la vista gorda a suspensos y malos comportamientos, primero por mitigar su propia culpa y segundo, y creo más importante, por sentirse dominadores y superiores, pretendiendo que sus hijos no descubran la triste y vacía vida que llevan y lo pobres tipos que ellos mismos se creen... ¿No crees, Mujer, que esto es una "pesadilla que se muerde la cola", como dice nuestro común amigo Juanma?

Analicemos de dónde venimos hasta llegar aquí. Al niño se le ha dado alegría, impunidad, disfrute. Se le ha tratado como a un regalo y se ha convertido, en un caso medio, en un consentido caprichoso sin límites ni identidad. Si hasta aquí no hemos querido ver el peligro, si no hemos querido ser conscientes de la irresponsabilidad cometida, seguiremos sin querer ver la realidad, así que seguimos con nuestro guion de película de serie B norteamericana de esas que la televisión emite sin parar los fines de semana: Una vez tenemos a un niño consentido y caprichoso, ¿qué hacer para retenerlo –por no decir secuestrarlo emocionalmente-? Le daremos amor incondicional, ¡claro! ¡Además le perdonaremos todo! Así se sentirá amado por su entorno familiar, es decir, traduciendo, atado a la pata de la cama emocionalmente.

Propongo, Mujer, que podríamos ahora analizar dos asuntos que se repetirán en las distintas transiciones entre fases de la vida y que pueden ayudarnos a sugerir qué hacer para que los adolescentes progresen hacia ser más personas y nunca menos: El primer asunto es, si una persona ha sido educada y ha vivido tal y como describimos que la sociedad funciona, ¿qué se tiene que hacer para salir de esa rueda infernal y ponerse en la senda del funcionamiento natural, orgánico? Es decir, en el caso que ahora nos ocupa, ¿qué podemos hacer para que el adolescente atolondrado, inmaduro y egoísta reaccione para bien, aprenda a pensar y a dialogar y marche en la dirección de convertirse en un ser humano libre, autónomo e independiente? El segundo es, cuando una persona pasa de una fase vital a otra, ¿hay solapamiento de requisitos en la transición entre fases? En el caso actual, ¿hay solapamiento entre la seguridad para el niño y la correspondiente nueva emoción para el adolescente? Y si la hay, ¿qué tipo de transición se requiere?

¿Te parece bien, amiga Mujer?

Mujer: ¡Por supuesto, Hombre; por supuesto, amigo! La respuesta -la mía al menos- a tu primera pregunta es muy simple: el ser humano, y no sólo humano, busca, requiere y necesita lo correcto, lo bueno. Y nunca es tarde para dárselo o, cuanto menos, para rectificar. Si a un niño no se le dio lo que necesitaba –seguridad- o si a cualquier edad no se le dio lo propio, lo sano, lo ordenado, estamos siempre a tiempo para hacerlo y para intentar lograrlo nosotros. Lo triste es dejar pasar un tiempo precioso que hay que desandar y también, lo pesaroso es infligir heridas muy difíciles de cicatrizar, pues cada edad tiene su Requisito y un requisito conseguido a destiempo, ya deja un sabor amargo. Pero mejor eso que nada. Además, si observamos bien la conducta de las personas a cualquier edad, vemos que orgánicamente, instintivamente, lo buscan e intentan procurárselo en la estricta franja de edad en que más lo necesitan. Y que si no lo encuentran afuera, intentan dárselo hacia adentro (eso para los mejores y más crecidos). Somos los demás los que se lo negamos en nombre de prejuicios irresponsables y cómodos. Somos los demás quienes vemos como "raro" e inquietante a un ser humano de cualquier dad que busca a darse a sí-mismo y a desarrollar en sí lo que más necesita y que no encuentra en su entorno.

Los adolescentes siempre intentan conocer, buscar, comunicar. Lo que pasa es que en casa y en el colegio no se les enseña eso como lo normal y deseable, sino que hacemos exactamente lo contrario: impedirles pensar al pensar sobre-protectoramente en su lugar y evitándoles que se busquen la vida. Para evitar que piensen y evitar así perder el control sobre ellos. Es así de triste. En vez de desarrollados, los hacemos ADICTIVOS. Es decir, en permanente "necesidad" para no darse cuenta de lo perdido. Si empujas algo tu descripción, tal vez lo podrías analizar acerca de ese hábito de bebedor que mencionas ¿no crees? Yo creo que ese análisis sería más útil que las campañas anti-alcohol que tan caro nos cuestan a los contribuyentes y que dejan huérfanos a tantos adolescentes.

La investigación, el pensamiento, ya lo veremos, condicionan el QUÉ de las cosas. Y los adolescentes siempre tienen esa palabra pegada a la boca y grabada a fuego en la cabeza. Desde el "¿¡Y qué!?" medio chulesco y desafiante que lanzan al mundo, hasta cualquier pregunta o reflexión propia que formulan. Tú tienes una hija adolescente. Fíjate en este fenómeno. **La tristeza rige el TIEMPO**, también lo veremos, y en los adolescentes el factor tiempo es determinante y excluyente. Podrías observar que en ellos, es el factor tiempo el que determina sus filias y fobias.

Si no entendemos esto, los tomaremos por tontos o por seres a medio hacer. Y no lo son. Sólo que no buscan la comunicación, ni el análisis, ni el estudio o entendimiento de gente fuera de su franja de edad. Pasan de sus hermanitos pequeños porque son "tontos" y pasan de sus mayores porque son "atrasados". Ellos determinan los QUÉ que gustan a toda su generación. O si no me crees ¿podrías decirme qué música es la que nos persigue de por vida? ¡La que nos encantó cuando éramos adolescentes! ¿Qué cosas nos gustan para siempre o nos marcan para siempre? ¡Las que nos marcaron cuando éramos adolescentes! ¿Qué tipo de físico nos gusta de las parejas pasadas y futuras, cuyos criterios físicos y conductuales condicionan todos nuestros flechazos futuros? Tú que cuentas que fuiste tan obsesivo con el amor de pareja, ¿te fijaste en que los aspectos físicos que buscabas y te atraían como un imán, siguen y seguirán funcionando hoy y lo harán mañana y que a veces hasta nos impiden elegir bien o sentir amor por los que nos convienen más? ¡Yo sí, desde luego!

Así que devolver a un adolescente la seguridad y el desarrollo que no se le dio, es fácil y placentero. En vez de culparse, los jóvenes o maduros padres lo tendrían a mano. Ir "en busca del tiempo perdido" sería tarea urgente y ágil. A más de segura inversión y oportunidad de hacer equipo –también función del "qué"- con sus hijos.

Un bebé o un niño pequeño, si lo observas, siempre están buscando seguridad. Se pega a las faldas de su madre hasta que juzga que el desconocido es inocuo. Se trastorna si le cambiamos demasiado de sitio y de horarios. Pues el miedo y la seguridad condicionan el DÓNDE de las cosas, como ya vimos. Ellos son naturalmente geniales para detectar los aspectos peligrosos o insanos de los mayores y de los demás niños, alejándose de ellos. Y no sólo eso, sino que son talentosísimos para hacer algo más importante aún en la maestría de la seguridad: ellos saben relacionarse con la parte sana de sus padres y de extraños, y descalifican la parte mala. Si no fuese así, todos los niños, o casi, serían neuróticos, y casi todos son sanos. Nuestra fórmula es tan sólo una receta para dar lo natural, lo normal, lo que pedimos a gritos en cada edad y que la sociedad y la cultura vigente descalifica y finge ignorar, para mantener los tópicos en uso sobre la vida vista como "valle de lágrimas".

Y sí, hay un periodo de transición entre un requisito y el cambio hacia otro. En un niño, la franja de dos años entre los siete y los nueve años. Y en un adolescente entre los diecisiete y los veinte.

Luego serán los últimos cinco años, porque las edades irán en lapsos de veinte años. Y una buena noticia: no hay nada que hacer, pues la secuencia Omega de las emociones auténticas es orgánica e inteligente. Una vez lograda la maestría en una, ya sirve de base para la siguiente.

Lo que aconsejo aquí es evitar la tentación de "lucirse" pretendiendo dar cuerda a la precocidad de los niños o adolescentes. Más dotado es un ser humano, y más necesita recibir lo normal, pues es lo único sólido y definitivo que tendrás luego para no desestabilizarse si no encuentra lo justo ni lo adecuado en su entorno. Porque si no, podría ser más frágil y no soportar el peso ni la responsabilidad de su talento superior. Más aún, tendría pretexto para hacer algo horrendo, que mostraría de paso que tuvo una adolescencia huérfana de sensibilidad, compasión, reflexión y tiempo: **desarrollaría la funesta manía de buscar atajos**. De tal triste modo, dejaría de ser honesto e inteligente para preferir ser un listillo de medio pelo, un tramposo que más tarde se convertirá en un manipulador y en un plagiario, o sea, en un delincuente.

Y creo que llegó el momento de definir según nuestros parámetros, la tristeza, y su función básica: el desarrollo. Como si fueras a explicarlo a un adolescente ☺ ¿De "qué" tratan, amigo Hombre? Y me encantaría ponértelo más difícil todavía, por el bien del planeta Tierra que posee la misma tipología Constructora que la tuya: ¿podrías explicarnos a todos por qué el dar amor en vez de tristeza en una franja de edad que condicionará todos los datos importantes que elegimos conservar en nuestra memoria de datos, instala algo tan funesto como la SIMBIOSIS en el ser humano, y por qué la simbiosis es lo opuesto al amor y perpetúa el duelo de no haber recibido tristeza auténtica? Creo que nadie como tú podría hacernos oír los llantos de tal dolor. Y no creo equivocarme en ello. Además, de este modo demostraremos que nunca es tarde para recuperar el tiempo perdido, pues no pienso soltarte antes de que hagas esta tarea… ¡sin flecos! ¿Te apuntas, Hombre sensible?

Hombre: Me apunto, ¡claro que me apunto, Mujer! A ver si entre los dos conseguimos aportar algo de claridad sobre el asunto.

Antes de entrar en esta última harina, decirte que me gustan mucho tus respuestas a mis dos preguntas; ¡las adopto! ¡mil gracias!

Respecto a tu reflexión sobre que convertimos a los adolescentes en adictivos por no ofrecerles lo que piden, no puedo estar más de acuerdo. Yo recuerdo mis comienzos como bebedor muy ligados a mis frustraciones cuando intentaba entender algo del mundo: ¿Qué impedía que yo pudiera seguir compitiendo como nadador? ¿Qué había que hacer para ser tratado como un adulto? ¿Qué estaba pasando con mi cuerpo y con mi mente? ¿Qué eran esas transformaciones y a dónde conducían?

Cuando las respuestas frecuentemente eran "Ya lo entenderás" o "Todavía no sabes nada de la vida" o "Anda que no te queda para espabilarte", pensaba que yo era tonto de remate. Así que para dejar de hacerme preguntas, bebía, pues beber impide pensar, al menos, con claridad. Al no pensar, no tenía preguntas sin respuesta y no me sentía tan tonto. Por eso creo que era bebedor de fin de semana, pues los "qué" que siempre tenían respuesta eran los de las asignaturas del colegio y sobre todo, las matemáticas y la física; a eso sí me aplicaba con fruición y deleite, hasta convertirme en un empollón de "todo sobresalientes"...

Pensando en estos "qué" y en cómo se sienten los adolescentes, veo ahora a mi hija adolescente con otros ojos e intento tratarla como ella quiere ser tratada. Entiendo mejor y admiro las largas horas de charla que ella y su prima de la misma edad, comparten, como si el resto del mundo no fuera "a su onda" y hablando de muchísimos "qué" que yo consideraba superficiales... En todo caso, el "qué vamos a hacer" hoy, esta tarde, mañana, el fin de semana, me sigue pareciendo una huida en el tiempo. La necesidad imperiosa de planes, apetecibles o no, con tal de hacer algo porque, si no, se aburren, me parece una mala costumbre, sobre todo después de leerte que la tristeza rige el tiempo. PERO veo que la culpa es mía, nuestra, por no dejarles a ellos que organicen su tiempo de la manera que quieran. Si les diéramos opciones, si les dejáramos la responsabilidad de hacer con su tiempo lo que deseen, sospecho que no tendrían el afán de que se les den las cosas hechas, ¿puede ser eso, Mujer?

El hecho de que los adolescentes determinan los QUÉ que gustan a toda su generación no tiene réplica. A título individual, creo que menos... ;-) A mí me marcó mucho la música que escuché de adolescente y por encima de todo, en la primera adolescencia. Cuando vuelvo a oír a Jim Croce, Tom Petty, Bob Seger, The Clash, hay neuronas en mi cerebro que se deleitan de una manera especial, aun cuando, escuchando con atención y aplicando criterios objetivos, no dejen de ser músicos como tantos otros. No digamos Elvis Presley, que rememora momentos de enamoramiento y, a día de hoy, en frío, su voz engolada y sus cursis letras no hay por dónde cogerlas...

Mi actual pasión por el mundo del automóvil viene también de aquellos años y de mis escapadas con mis abuelos que me enseñaron a conducir con once o doce años y me dejaban ir al volante de su flamante Peugeot 504 el uno y del Seat 1430 de mis padres el otro. Respecto al físico de las parejas, estoy también muy de acuerdo, si bien yo he pasado por momentos en que quizás busqué exactamente lo contrario. En todo caso, buscar exactamente lo contrario es más de lo mismo, ¿verdad? Porque sin esa fijación, no hubiese buscado ni lo uno ni su contrario, sino que me hubiera dejado llevar. Yo era muy obsesivo con el amor de pareja y siempre me atrajeron las mujeres femeninas, dulces y cariñosas, con ojos claros y pecas, con aspecto de "extranjeras", con muchas curvas, inteligentes –entonces era que fueran de sobresalientes, claro– y que despertaran en mí ternura y ganas de cuidarlas y de protegerlas...

Creo que ya me toca entrar en tu propuesta final. Allá voy. Según nuestros parámetros, **la tristeza es la emoción que nos permite percibir las pérdidas de algo vivo, valioso, bueno, y también de anticiparnos a las pérdidas para que éstas no se produzcan**. Con la tristeza, seremos capaces de resolver el problema que causa o causará una pérdida, erradicando el mismo al ir a su raíz, a su génesis. Si sabemos erradicar la causa de un problema, habremos resuelto ese problema en concreto y habremos resuelto la repetición del mismo. Por eso **su función básica es el desarrollo, entendiendo éste como más y mejor de lo mismo**. Al evitar las pérdidas, tendremos más y mejor de lo vivo, de lo valioso, de lo bueno. Por ejemplo, si percibimos que una planta está muriéndose, debemos identificar el problema –puede ser falta de riego, aparición de hongos, de bacterias, de insectos parásitos–, y resolverlo –con más riego o con la aplicación de un producto fungicida si es por hongos, de un bactericida si es por bacterias o de un insecticida si es por insectos–. Así conseguiremos que la planta se desarrolle bien, hasta su máxima dimensión. Vemos aquí por qué la tristeza viene justamente después del miedo, o lo que es lo mismo, por qué después de la seguridad, viene el desarrollo. Si no sabemos dónde está la amenaza (función de la seguridad), malamente resolveremos el problema (función de la tristeza). Si llegamos a la tristeza desde otra emoción que no sea el miedo, acabaremos matando a la planta "con toda la buena intención del mundo" – anegándola de agua cuando tenía un problema de hongos o asfixiándola con fungicidas cuando lo que requería era mayor riego-.

La tristeza por tanto es muy distinta de la depresión o del decaimiento. La depresión o el decaimiento surgen por sentir tristeza conformista cuando toca sentir rabia.

Si te parece, Mujer, dejamos para un poco más adelante las habilidades y capacidades que surgen de la tristeza y del desarrollo, para intentar explicar por qué el dar amor en vez de tristeza en la adolescencia, nos lleva a la simbiosis:

Dar amor a una persona en lugar de ayudar a resolverle un problema nos hace, primero, ponernos por encima –"tú tienes un problema PERO yo te sigo queriendo, así que YO soy muy bueno y te entiendo y comprendo"-. Por otro lado, al dar amor en lugar de tristeza también estamos buscando y pidiendo reciprocidad -"cuando yo tenga un problema, NO quiero que me lo hagas ver, sólo hazme saber que me quieres, eso es suficiente"-. De esa manera, ocultando los problemas de cada cual y los comunes, estamos impidiendo el crecimiento personal de cada uno y el crecimiento grupal, sea éste una pareja, una familia, un grupo de amigos o el equipo profesional de una empresa.

Además, estamos apuntándonos puntos, o dicho de otra manera, sumando a nuestro haber, amor gratuito para cuando lo necesitemos. Y encima, si no lo recibimos cuando creamos conveniente, nos quejaremos y acusaremos al otro de malvado o, como mínimo, de ser insensible y frío. Al dar amor en vez de tristeza, estaremos también resolviendo nosotros –con amor salvador- el problema del otro, con lo cual el otro nos considerará imprescindibles para su propia supervivencia. Es como dice el proverbio -*"Regala un pescado a un hombre y le darás alimento para un día, enséñale a pescar y lo alimentarás para el resto de su vida."*- pero peor, pues lo que estamos fomentando es que esperen todos los días de su vida un pescado (una solución a un problema, que ellos verán como irresoluble por sus propios medios). Es en ese momento cuando ya hacemos del otro un ser amputado que nos necesita cual muleta. Si esa amputación la hemos realizado alrededor de su talento, nos considerará su genial y talentoso amigo, marido, etc. y si esa amputación la hemos fomentado alrededor de su vocación, ya seremos sus ídolos y salvadores de por vida. Como último paso, si ya lo hacemos bien -bien, es decir, funestamente-, llegamos a la **simbiosis total**: Añadiendo a lo anterior el actuar en nosotros la competencia del otro como amputada de nosotros mismos, para que el otro la sobreactúe. Así ya tenemos a dos inseparables seres simbióticos que se creerán imprescindibles el uno para el otro. ¡Qué horror! ¿No crees? Pues yo estuve así unos veinte años... La buena noticia es que nunca es tarde para aprender.

Cuando estas perversiones se hacen hacia un adolescente, tras haber visto la importancia de la tristeza en esta fase de la vida, los efectos devastadores pueden durar toda una vida y más, pues entiendo que tenderán a extenderse durante generaciones como una fatídica enfermedad genética... pues **enseñar a "no pensar" es la madre de todas las adicciones.**

Ya que hablo de horrores, Mujer, y siendo la simbiosis una lacra para el desarrollo, ¿qué me puedes decir tú, querida, que eres de tipología Reactivadora al igual que este siglo en el que nos toca vivir, acerca del SACRIFICO? ¿No es el sacrificio lo opuesto a la tristeza y, parafraseándote, perpetúa el duelo de no haber recibido amor auténtico?

Mujer: Muy bien, así haremos, Hombre. Y aprovecho para ilustrar la importancia de la tristeza: gracias por haberme hecho la pregunta sobre el sacrificio, pues **es función de la tristeza completar los datos y la información y formularse preguntas sobre todos los HECHOS Y DATOS, para completar la información y ser más objetivo y también para movilizar las neuronas y ejercitarlas en el PENSAMIENTO OBJETIVO, ES DECIR CIENTÍFICO.** La ciencia es materia de la tristeza, así como la Investigación y el Desarrollo – el "I+D" como se le llama en nuestras queridas organizaciones empresariales de un planeta Constructor que cree que acumulando datos va a llegar a innovar y crear-, es función solamente del orgullo, como nosotros ya demostraremos una vez más cuando nos toque analizar dicha edad existencial del ser humano.

Gracias por haberme permitido reflexionar y organizar mis datos, porque he podido hacer un salto más en el descubrimiento de Leyes del funcionamiento del ser humano, y me das el placer de ofrecerte la primicia ☺. Pues en efecto, **pensar es analizar datos objetivos, para organizarlos de modo inteligente y así se consigue una METODOLOGÍA.** Y cuando son coherentes los métodos entre sí y forman **una mega-metodología, la llamamos SISTEMA.** Y cuando ese sistema apunta y conquista la inmortalidad, porque nunca deja de ser válido y vivo, se convierte en **CIENCIA, pues descubre LEYES desde siempre existentes y hasta entonces ignoradas,** que dan cuanta objetiva del funcionamiento de lo vivo, del funcionamiento del Universo, en suma. Así pues, el MAT es ciencia.

Permíteme darte algunas reflexiones más sobre la simbiosis antes de atacarme al sacrificio. Y es que simbiosis, como bien has mostrado por su dinámica, es AMOR FALSO EN VEZ DE TRISTEZA AUTÉNTICA. Es amar lo enfermo, lo muerto, en sí y en el otro y ofrecerle todo el espacio interior y también externo, pues organizamos nuestra vida en función de esa anti-unidad abe-rrante. Cogemos lo peor de nosotros y le sumamos lo más dañado del otro para pretender ser "Uno-sólo-en-dos", una falsa Arca de Noé frente a las heridas y cataclismos del mundo, la parodia caricaturesca y patética de lo que es "el gran-amor-fu-sión", definición de la Pasión.

En efecto, al recibir, a una edad tan temprana, amor salvador en vez de tristeza desarrollada y clara que nos podría convertir en seres pensantes e inteligentes, vamos a adoptar el modelo sim-biótico como indicador y referencia de lo que es el amor mayor, el más "sublime", el que recibimos incondicionalmente de los que más -se supone- nos aman, y de allí deduciremos que "madre no hay más que una" y que "padre lo sabe todo", pues ¿quién más nos podría adorar y completar -al punto de sustituirnos en el menor esfuerzo o dificultad- justamente cuando fallamos, cuando nos equivocamos, cuando erramos, cuando hemos de currarnos la vida para aprender a sacarnos nosotros mismos las castañas del fuego? ¡Nadie más ni mejor que la "Familia", claro! Y lo pongo con mayúsculas y entre comillas por mafiosa, obviamente.

Así, no sólo aprendemos que quien nos quiere nos evita todo trabajo o esfuerzo personal, sino que, cuando crecemos y bus-camos socio, pareja, amigos, conservaremos esa visión bobalicona, esa referencia, ese indicador supremo del presunto amor. "Si no está enamorado de mis defectos, es que no me ama" y "el que me pone ante el trabajo, el esfuerzo, el que me muestra la realidad objetiva es un exigente que me pone a prueba".

En la simbiosis, no sólo nos amputaremos hacia afuera, sino, obligatoriamente y antes, hacia adentro. Por ejemplo, si somos mujeres, suprimiremos y amputaremos nuestra dimensión interior masculina –tristeza y pensamiento, orgullo y creación, alegría y plenitud del disfrute sensorial y sensual. Y, como la conquista de dicha dimensión requiere de un esfuerzo, caeremos de rodillas, enamoradas a nuestra vez, del macho amputado y complementario que cultive en sí –y contra nosotras- lo que hubiera sido nuestro mejor ser potencial y haya suprimido y amputado su propia dimensión femenina, es decir, el respeto del orden con su miedo y seguridad, los valores y corporalidad con su saludable rabia y justicia culturizante, y el amor, alma y pertenencia, con su don de entrega A LO BUENO.

Y, no sólo eso, sino que todo nuestro "Pacto de miseria mutua" consistirá en impedir que el otro haga el menor movimiento que suponga conquistar su mejor yo. Y, peor aún, mostrar que los que nos aman de verdad, son dañinos y agotadores, mientras que los que nos matan de a poquito, amputándonos cada vez más de nuestra completitud, son nuestros amorosos amigos.

Pero mi descubrimiento no es ese. Es el siguiente: ¿te das cuenta de que amor falso en vez de auténtica tristeza es la

INVERSIÓN DEL EJE DE LO HUMANO? ¡Claro que sí!, has visto perfectamente que la primera viga maestra que sostiene nuestra personalidad está, con la simbiosis, invertida y que lo que parece que "hay" (amor real), es en realidad justamente lo que falta y que lo que no parece disponible (la integridad segura, cuidada, regada y desarrollada) es lo que nos hacen creer que nos sobra por abundancia.

Ya sería esto terrible, si además no abriera la puerta a dos cosas más atroces y dolorosas: Como sabes demasiado bien, esta "enfermedad" que es la simbiosis es más propia de Constructores. Así que observarás que al remplazar nuestra competencia tipológica, la tristeza en ese caso, por su contrario, nos están negando el REQUISITO mayor en derecho natural mínimo. Están cometiendo el delito mayor, ese daño se convierte en EPIDEMIA ENDÉMICA si invierten y niegan esa emoción y su función a la franja de edad existencial más necesitada de ello, en el ser humano. Todos los adolescentes, como estamos empezando a demostrar —espero- requieren de la tristeza y de su función de pensamiento ágil y claro. Requieren salir del subdesarrollo. Requieren no confundir paternalismo con desarrollo como si de una colonia imperialista se tratara. Requieren no ser colonizados, que es precisamente lo que les estamos haciendo cuando se les da amor falso en vez de tristeza. ¿No te parece patético y muy doloroso, Hombre, si además nos intoxican el etiquetado y nos lo llaman amor sublime?

Pero hay más, y es que, reflexionando sobre el sacrificio, vi que era su antítesis igual de enferma, o sea: tristeza conformista y derrotista en vez de amor real. Y por eso es la enfermedad tipológica de los que tienen el amor como competencia: los Reactivadores como yo. Inmediatamente, tras exponerte mi descubrimiento del día, prometo analizar y comentar el Sacrificio, confía en mí: Lo que descubrí, es que la peor de todas las enfermedades tipológicas se contrae en la adolescencia justamente por causa de esa inversión entre amor y tristeza. Si en lo que hace a lo más importante para el alma –el amor real- nos lo confunden con su contrario, su opuesto –la tristeza de la pérdida-, ¿cómo no caer en la negación absoluta del espacio seguro para nosotros, por enfermedad crónica y anclada?

Pues así es, querido Hombre, y para muestra, **analizaremos esas enfermedades del alma en cada tipología para constatar que "casualmente" se le invierte -tras negársela al ofrecerle como lo más sublime, su contrario- la competencia de cada cual**. Al Legislador se le invierte el orgullo y se le remplaza por miedo fóbico -lo opuesto en el eje de lo existente-, para hacer de él un <u>idólatra</u>. Al Reactivador, como ya mencionamos, se le invierte el amor, su competencia, remplazándolo por su opuesto, la tristeza del <u>sacrificio</u> gratuito. Al Promotor se le remplaza su alegría por rabia –lo opuesto en el tercer eje, el de lo presente e infinitamente verdadero- para hace de él un <u>botín</u> que todos se disputan. Al Fortificador se le remplaza su competencia de seguridad, el miedo a perder su integridad, por la soberbia que infla lo elemental, para hacer de él un involucionado, un seguidor mamífero de lo elemental animal. Al Constructor, como vemos con creces, se le invierte su competencia –la tristeza– remplazándolo por su contrario, el amor salvador en la simbiosis. Al Revelador se le niega su competencia –la rabia ecuánime y culta- remplazándola por alegría fanática, agresiva, avasalladora y eufórica contra el otro, es decir por su enfermedad tipológica: la guerra. *¡Et voià, le tour est joué!* O si prefieres "¡Elemental, mi querido Watson!" ya que de investigación y claridad sobre un crimen -estableciendo hechos objetivos- se trata. ¿Te parece suficiente causa de tristeza y de duelo mortal? ¿Hay alguna enfermedad peor?

¡Pues sí, la hay, hay una enfermedad peor, pero imposible de contraer sin esa trampa, imposible de desarrollar sin ese VIRUS ANÍMICO que acabo de descubrir y que nos inoculan en la adolescencia en un mundo invertido como el que pisamos hoy.

Verás, siempre muestro que la gravedad de las enfermedades se intensifica siguiendo la siguiente escala: contraemos una enfermedad física cuando nuestro **cuerpo** ya no puede más con tanta mentira y nos amenaza con no querer más estar en esta tierra con nosotros. Cuando se trata de ir a peor, vamos a la enfermedad anímica, la que acabo de formular, la enfermedad tipológica que nos impide TENER lo que nos corresponde y

161

hasta conservar lo que traemos innatamente, remplazándolo por la convicción de buscar su contrario para entregar el **alma** con gratitud a quien no nos lo proporciona. Pero hay peor: la enfermedad **espiritual**, sí, la que nos convierte en psicóticos clínicos: y afirmo –y lo demostraré en su momento cuando toque la edad del espíritu-, que no hay esquizofrenia –o sea, Constructor clínicamente loco- sin simbiosis, pues es lo único que garantiza la doble (mala) personalidad interiorizada y en permanente acusación mutua. No hay fanatismo castrador (Legislador delirante), sin idolatría. No hay histeria –Reactivador enloquecido de pavor auto-acusatorio- sin hábito de sacrificio. No hay megalomanía - promotor psicótico- sin ego transformado en botín. No hay autismo –Fortificador amurallado- sin culto al mamiferío excluyente y concentracionario. No hay paranoia –manía de persecución Reveladora, sin guerra.

Tal es el daño que nos hacen a todos en la adolescencia. ¿Existe peor daño, peor pérdida, peor subdesarrollo? Y todo eso dándonoslas de santos, como padres y educadores, para más inri….

Y ahora te respondo sobre mi propia enfermedad tipológica, que "casualmente" contraje en mi adolescencia sobre-protegida: el SACRIFICIO. Es decir, el socio innato y simbiótico de la Simbiosis y su opuesto (sólo aparente). Tristeza en vez de amor, es decir tratarte como un vejestorio que ya no sirve para nada, que nadie, ni tú mismo, puede amar, porque nada bueno y amable conserva, y cuya presencia sólo es soportable si el viejo en cuestión se convierte en algo "útil" para los demás. Todo lo querible, en ti o en la vida, ya no está disponible para ti y se lo debes sacrificar a quien crees que le podría venir bien o a quien te lo pide para nutrirse de ti. En el caso del Reactivador, esa tóxica convicción y ese virus en su disco duro, se lo meten cuando es aún un niño ignorante de todo, sin conocimientos sobre sí ni sobre el mundo. ES DECIR, CUANDO ES UN SER HUMANO SIN UTILIDAD INMEDIATA, ES DECIR, UN ADOLESCENTE DESNORTADO SOBRE SÍ-MISMO. Y a nivel colectivo, nos lo meten, como ya veremos, en la edad del amor como requisito: en la vejez. Esa fórmula que define el sacrificio, ya lo dice todo: estuve convencida, y lo actué durante demasiadas décadas, que mi cuerpo, mi alma, mi mente, mi espíritu, no era míos, sino que yo estaba en el mundo para mantenerlos -cuidados y desarrollados- para ofrecérselos a los demás. Mi tiempo era para otros – cuanto más parasitarios, mejor-, mis bienes, mi espacio, mi capacidad de disfrute, mis verdades, mis valores, nada me pertenecía en propiedad, sino que debían estar siempre relucientes, listos y disponibles para el primer desaprensivo que se ofreciera a "aligerarme y librarme" de ellos. Recuerdo -¿cómo no recordar con honda tristeza?- que desde los nueve años y medio -en que tuve la menstruación- hasta los diecinueve en que me casé, fui una reclusa, nunca tuve permiso de tener un amigo y ni una amiga, fui el paño de lágrimas de mi madre, la madre de mi hermano y la abuela de mi anciano padre. Puesta así, pronto dejé de ir al Instituto y prefería quedarme a disposición de todos en casa y hacerme mis propias fichas resumen que me servían de cursos. Y recuerdo que mi libro de cabecera era la enciclopedia médica, para hacerme experta en tristeza ya instalada en los cuerpos humanos. De más está decirte que mi propia salud era horrible. Siempre estaba cansada y enferma.

Y, claro, nadie puede llegar a una conducta tan negadora de lo bueno y de lo amable para sí, si no se cree culpable de todos los males del mundo Y si no dedica su vida a expiar, pagando de su cuerpo, mente, alma y espíritu, a todos sus supuestos acreedores. Por eso el Reactivador ve todo el bien afuera y sólo ve el mal en sí. Afortunadamente, aprendí a pensar y a analizar y pude auto-rescatarme y liberar al rehén más colaborador que conocí: yo. Así aprendí a ser útil a las leyes del Universo.

Hombre: Mujer sensible, lo que sacas a la luz me dejó boquiabierto. Según te leía quise ir poniendo negrita para destacar las ideas, descubrimientos, reflexiones, pero desistí pues todo iría en negrita... Se me ocurre que al final de libro prepararé una guía rápida de consulta sobre todas las ideas y descubrimientos que vas realizando, para mayor utilidad del lector.

Es terrible lo que los seres humanos somos capaces de hacer contra nosotros mismos y contra nuestros congéneres. Es además desolador, pues las actitudes, acciones y omisiones que posibilitan y luego potencian lo relatado por ti, se repiten como una letanía eterna desde los siglos de los siglos... Lo bonito (me atrevería a decir "inaudito", por su falta de uso generalizado, que no por su belleza de normalidad) de aplicar bien la tristeza, como acabas de demostrarnos, es que el análisis compasivo, claro e inteligente de las situaciones y de las actitudes te lleva a proponer soluciones limpias, sencillas y universales, Mujer preclara ! También es bonito que ese proceso sea generalizable, esto es, que cualquiera, aplicando esas enseñanzas, pueda llegar a proponer soluciones mejores y más humanas. Creo que empiezo a atisbar el por qué la tristeza es la quintaesencia de la alegría, como también has descubierto!

Recapacitando, todo empieza simbiotizando al adolescente tras haber idolatrizado al niño, impidiéndole que se sumerja en la tristeza auténtica. Es hora pues, si te parece bien, de ver cuáles serían las capacidades y habilidades que conforman la tristeza y su función, el desarrollo. Pero antes, permíteme que recalque aún más el horror absoluto que supone la simbiosis, en tanto en cuanto es un nudo diabólico que se refuerza a sí mismo: a la vez que imposibilita el desarrollo del individuo como un ser completo, independiente y libre, pues se le ofrece como única solución la amputación de partes de su ser, se le hace ver como imposible, porque inexistente, el acceso y utilización de maravillas propias. Es como si a un tuerto se le insistiera en que lo importante no es ver, se le pusiera el parche en el ojo sano, y se le hiciera creer que su única solución pasa por aclimatarse a la ceguera total... Y así nos va, igual que en el chiste del colmo de los colmos: *"que el mudo le dice al sordo que el ciego lo está mirando..."*. Además, para colmo -valga la redundancia-, esta actitud simbiótica es norma en la actual civilización, y ¡norma bien vista! Se habla de "simbiosis perfecta" cuando dos o más cosas, personas o actividades encajan bien. Se confunde complementariedad con simbiosis, sociedad con simbiosis, amistad con simbiosis, interés con simbiosis, amor con simbiosis. Y para acabar de echar pestes contra la simbiosis, permíteme Mujer que te haga la siguiente reflexión: De la misma manera que la sociedad simbiotiza al adolescente, muchas empresas tratan de simbiotizar a sus empleados, muchos gobiernos tratan de simbiotizar a sus ciudadanos y los países desarrollados tratan de simbiotizar a los países en desarrollo. Así que si damos con la solución a la simbiosis, como creo que estamos dando, tendríamos la solución a males endémicos del ser humano, ¿no crees, Mujer?

Mujer: En efecto, inteligente y sensible Hombre. **Toda la sociedad en la que vivimos está montada sobre la inversión de valores que apenas estamos empezando a recorrer y analizar, con honda tristeza ante lo mucho que perdemos por**

necedad e ignorancia. Nos queda, eso sí, el alivio de esperar colaborar en algo a la recapacitación de los seres humanos, al ofrecerles opciones más acordes con su dignidad de ser criaturas potencialmente perfectas, o, al menos, más y mejor evolucionadas.

Y sí, **la sociedad nos presenta la patética simbiosis como paradigma del amor sublime.** Y nada de extraño tiene eso si al bebé y al niño, se le trata dolosamente con idolátrica alegría en vez de seguridad. ¿Cómo un niño no aprendería prematuramente algo tan horrendo como el **desprecio**, la peor de todas las falsas emociones –y la más destructiva-, si ve su insignificancia y las de sus padres, comparadas con lo que su recta conciencia y su sabiduría innatas le hace intuir de lo que es lo verdaderamente grandioso y digno de veneración? ¿Y cómo no se podría abonar el **despecho** –la segunda más tóxica y destructiva de las falsas emociones, la más satánica desde luego- si se presenta como amor sublime la suma y multiplicación de las amputaciones elegidas y mancomunadas?

Pero yo creo que una vez señalada la gravedad de las desviaciones del orden natural y sus consecuencias, ya podríamos mostrar lo precioso que sería el mundo de un adolescente, que, sustentado por la admiración y valoración que sus padres sienten el uno hacia el otro y ambos hacia él, nutrido por el amor puro que se profesan y le profesan, ,sintiéndose un agradecido don del cielo por causa de la alegría en la que sus padres lo han

esperado y educado durante sus diez primeros años en el respeto, la seguridad, la integridad y la armonía, aprenda, durante
diez años más, esa emoción maravillosa, la tristeza, que defini-
mos como la sensibilidad innata de detectar pérdidas y sufrir por
ellas, tratando de curar sus efectos y mejor aún, prevenirlas con
soluciones compasivas y sensibles, es decir, inteligentes. Así,
amigo ¿te parece que nos alternemos en convertir este capítulo
en mente clara y brillante para un niño de nueve años, que podríamos llamar simbólicamente David –pues el Goliath con el
que se debe medir en esta sociedad de valores invertidos es aún
más aterrador que el de la Biblia? Te parece, Hombre, que propongamos a David que estudie, que aprenda, que se informe,
que investigue, que moldee su Mente, durante sus diez años
siguientes y hasta cumplir los diez y nueve años, y tenga la tristeza como materia ineludible y requisito inaplazable para
convertirse en un ser humano cabal que aleje a la sociedad en la
que vive, de tanto delirio y locura?

Hombre: ¡Claro que me parece, Mujer! ¿Y qué mejor manera de
apoyar al niño, a David, que empezando por el principio? Como
apuntabas anteriormente, la tristeza, para detectar las pérdidas y
sufrir por ellas, tratando además de curarlas y hasta de prevenir
sus efectos, con soluciones compasivas e inteligentes, responde
a los "**QUÉ**", así, que, ¿qué será lo primero?

Lo primero que hará David será determinar qué es lo importante a la hora de poner en marcha su sistema de desarrollo. Y lo primero será **separar** el grano de la paja, seleccionando los datos relevantes para llegar a saber qué ha producido o qué puede producir una pérdida. Y estos datos no son tan sólo datos racionales, sino que son datos que provienen de cualquiera de sus seis estructuras de personalidad que apuntábamos al inicio del libro: emociones, sentimientos, sensaciones, estímulos, sabores, olores, ideas innovadoras, deducciones… Una persona incapaz de separar lo relevante de lo irrelevante estará perdida en un mundo interior caótico y sin sentido, fuera de la realidad. Para ilustrarlo, un chiste muy malo:

> *"-Capitán!¡capitán! ¡Nos estamos hundiendo!*
> *-¡No seas tarado! ¡Estamos en un submarino!"*

Acto seguido, viene la tarea de **clasificar** los datos relevantes. Clasificar implica poner en orden los datos y estableces categorías, de manera que David, en lugar de tener un batiburrillo de datos, todos pseudo-relevantes, pero desordenados, disponga de ellos ordenados en categorías. Éstas serán sus propias categorías, porque, como ya veremos en un par de capítulos, las categorías y, por tanto, la forma de clasificar, es particular de cada persona pues depende del orgullo y de la capacidad de transformación de cada cual. Una persona incapaz de clasificar los datos, será confusa y, como suele decirse, confundirá churras con meninas y mezclará peras con manzanas. Si me lo permites, vuelvo con los chistes:

> *"-Señor, ¿tendrá libros para el cansancio?*
> *-Sí tengo, pero ya están agotados..."*

Una vez realizada la labor de separar y de clasificar, a David le tocará **archivar** aquellos datos que considera relevantes y útiles. Si no archiva los datos, le pasaría como a un procesador con memoria RAM pero sin disco ni memoria, que procesa pero no puede guardar en ningún sitio los resultados, con lo cual se pierden. Sin archivar, no hay memoria y no hay con qué trabajar a posteriori. Como le pasaba aquél que fue a la farmacia:

> *"Cliente: ¿Tiene pastillas para la memoria?*
> *Farmacéutico: Si, ¿Cuantas quiere?*
> *Cliente: ¿Cuantas quiero de qué?*
> *Farmacéutico: De pastillas.*
> *Cliente, mosqueado: ¿Usted como sabe que vengo a por PAS-*
> *TILLAS?"*

Tras separar, clasificar y archivar, viene el turno de **actualizar** datos, opciones y soluciones. Esta labor de actualización debe ser constante, de manera que David tenga siempre disponibles los datos y las opciones más eficaces y más útiles. Si no se produce actualización, siempre intentará resolver los problemas de la manera que aprendió (quizás sería mejor decir, des-aprendió) de sus mayores o por imitación y, por lo general, siempre llegará al mismo tipo de respuesta, desfasada e inútil en el aquí y el ahora.

En este primer bloque de cosas a hacer dentro del sistema de desarrollo, a David le quedaría **conectar** los datos, las opciones y las soluciones, para poder obtener como resultado opciones más ricas, más útiles y más completas.

Como podemos constatar, este primer bloque requiere de un trabajo de adquisición, limpieza y procesado de datos de manera que nuestro adolescente pueda partir con el enunciado correcto y preciso. Si no somos capaces de enunciar bien el problema o la posible pérdida actual o futura, será imposible llegar a la solución.

Pongamos el ejemplo de que David quiera decidir si dedicarse a aprender a tocar el violín o si dedicarse a mejorar su técnica pictórica. Por un lado, el aprender a tocar un instrumento le resulta entretenido y, además, sus padres lo animan a ello con inusitada energía y, además, muchos compañeros y amigos asisten a clases de instrumentos musicales. Por otro, David ha percibido, porque alguien que es un grandísimo artista se lo ha dicho, que su pintura es buena, más buena de lo normal, y que, además de llenarle y de resultarle muy gratificante, ve una continuidad nítida a futuro que no ve con la música.

Lo habitual en un caso como el descrito, es que David, preguntado sobre qué preferiría hacer, nos responda "no lo sé", "no me importa" o peor, "lo que digan mis padres, está bien". Estas respuestas son señal de una carencia absoluta de tristeza auténtica y de estar sumido en la simbiosis que tan magistralmente has descrito, Mujer. ¿Quieres tú ahora seguir con el proceso de aprendizaje y trabajo que debe seguir nuestro amigo para llegar a ser inteligente y cabal?

Mujer: ¡Clarísima tu exposición, amigo! ¡Y muy quinta-esencial también, porque cuando hay humor al tiempo que clara lucidez, es que el ego está desvaneciéndose; felicidades!

Y sí, en un mundo invertido, ese comienzo ineludible que acabas de describir, suele ser lo último del proceso de pensar –en ese caso, con oscurantismo- en la sociedad en la cual aún vivimos. Y te lo voy a ilustrar con un dato sacado de nuestra experiencia de ayer, sin ir más lejos. Es obvio que el paso dos del proceso de aprendizaje, debe seguir al paso uno. Así que me pongo a describir este segundo tempo, luego te lo ilustro con una experiencia fresca, recién archivada.

El paso dos, en la metodología MAT de funcionamiento del Sintetizador, es decir de la MENTE clara y útil, se divide en tan sólo dos tiempos, secuenciales y de importancia fundamental: "**percibir lo muerto**" primero y "**percibir pérdidas e incrementos**" a continuación. Este paso es el más importante en la sensibilidad musical y acalla toda cacofonía interior así como garantiza nunca "desentonar" hacia afuera, sonando falso. A tal punto que permite hasta ser un músico grandioso y un compositor genial –

como Beethoven- aunque un accidente mecánico le haya dejado sordo. ¿Portentoso, verdad?

Así QUE, examinemos: percibir lo muerto. **Es la capacidad de detectar vida y lozanía, que merece y necesita ser cuidada**, diferenciándola de lo muerto y en descomposición que merece y necesita ser enterrado lo antes posible; pues si no, podría enfermar y contaminar todo lo anteriormente archivado. Para dejar lugar libre para lo vivo y lo bueno, también. En una mente clara, no puede haber en un mismo sitio, útil y garante del desarrollo, cadáveres en descomposición que, por estar maquillados y vestidos con ropajes actuales, tomemos por sanos, vivos y válidos. Es obvio. Y todos **tenemos una manera muy práctica y rápida para detectar cerebros fosilizados: ¡el uso y abuso de tópicos!** Gustave Flaubert escribió un libro memorable, "El diccionario de tópicos" que en su idioma, el francés, se traduce literalmente por "ideas recibidas", es decir, "recibidas" de figuras de supuesta autoridad, y que este gran escritor califica de "compendio de la imbecilidad humana". Las personas que usan tópicos (hay algunas que son maquinitas de soltar tópicos) son, por definición, gente muerta y contagiosa que de una vez por todas ha decidido ni sufrir ni padecer y, lo que es peor, imponer ese cementerio como hábitat disponible para su entorno.

Nuestro David, él, y porque sabe –y sabe porque quiere- escuchar y escucharse, podrá detectar, en el sonido de la palabra o del dato escrito, si hay vida en éste o si sólo está para ser una figura del museo de cera, pero que apesta, haciéndose pasar por vivo y, lo que es peor, con el mismo derecho de ciudadanía que él. Esa ignorancia es la que rige el concepto falso de democracia y de voto lineal donde todos valen y cuentan por igual, no importa si esté muerto en vida, ni vivo en ella.

Lo que, de este proceso MAT, podría chirriar más en mentes de dinosaurios, es que el percibir lo muerto y lo vivo venga tras actualizar y sobre todo, archivar. ¿Cómo –dirían-, una vez archivado lo útil se pone uno a detectar si está vivo o muerto? Pues sí, claro que sí. Es en el orden del aquí y ahora, que se puede detectar si algo está muerto o no. Primero, porque es más fácil y menos trabajoso, destacando más. Y en segundo lugar, porque es la única manera de tener sensibilidad de verdad, y de que **el tiempo sea realmente el ámbito de la inteligencia inmortal**. Todo puede ser matado, dejar de estar para su uso normal, de un segundo para otro. Si examinas si algo está vivo o muerto sobre la base de lo fresco, ordenado y actual, puedes tener neuronas cerebrales que se regeneran. Si es sobre la base del ayer rancio y de lo desordenado, convivirás con el fantasma de la abuela, tendrás que buscar vivos enterrados en tumbas y siempre estarás mirando hacia atrás, nostálgicamente, no dejando disponibilidad alguna para actualización alguna.

Lo que es aún más importante: David, que lo aprendió de modo temprano, con cerebro reluciente y despejado, no necesitará examinar pesadamente los datos que él mismo refrescó, ni cerciorarse de que le están colando un muerto para contar como entre lo vivo y válido. Simplemente, sentirá, oirá caer y enterrarse, solito y estrepitosamente, eso muerto. Y si es algo que amó o le importó mucho, hasta sentirá una pequeña arritmia. Se le "caerá" el corazón en el ausente latido que fue a acompañar y a enterrar eso muerto.

Lo esencial aquí, no es esto que te describo. Lo esencial aquí es que entonces David está plantando en sí algo que sólo florecerá a final del proceso mental. Algo maravilloso y garante de una inteligencia que nada ni nadie podrá desnortar ni enloquecer: **el desprendimiento**. Obviamente, eso vendrá como colofón y demostración de la claridad mental. Pero la semilla nace aquí. Nace por generación espontánea, sin necesidad de que nadie se la plante. Nacerá sobre el sólido terreno de la seguridad demostrada, pues él, ya pueden registrarlo, no tiene nada que temer, o peor, que temer en sí. Al menos, para la intencionalidad de ser útil. Porque reina el silencio dentro de sí. Ya, en este simple comienzo del proceso mental, no hay cacofonía (en este caso sicofonía) interior, pues en el duelo compasivo, sólo cabe el silencio. ¿Qué otra cosa podría haber? Obviamente, todo aquel que padezca de ese horror que son los diálogos internos, evidencia que, o bien se está saltando este proceso en la secuencia, o peor aún, lo está invirtiendo. ¡Está archivando a sus muertos en la memoria viva, confiriéndoles voz y voto!

Sigamos con nuestro David: Es entonces y sólo entonces que podrá empezar a ser, además, **honesto**. Y eso, en el segundo paso de esta segunda secuencia. Pues podrá, con toda desnudez y objetivad, percibir –sin tener que medir nunca- pérdidas e incrementos. Una vez enterrado y lamentado -por él y por lo otro- lo muerto, podrá surgir una realidad preciosa y más que consoladora. No necesitará recurrir al manido tópico "mejor solo que mal acompañado", porque se descubrirá menos solo y con más tiempo y espacio.

Este paso tan natural, el más natural de todos aunque paradójicamente, en un mundo invertido, el más ausente, ha dado carne viva a la <u>definición misma de la tristeza</u>, que os propongo. Porque así, no sólo lo dice casi todo sobre la sensibilidad afinadísima que requiere, sino que muestra la función misma de la tristeza: el desarrollo, y su esencia para la creación transformadora a través el crecimiento cuántico. Por eso es lo opuesto al tópico. Se supone, tópicamente, que uno queda desconsolado, vacío y solo cuando tuvo que enterrar algo vivo. Pero ¿y si tuvo que enterrar algo muerto? Algo muerto y que además de podrirse y podrir, hacía ruido con su cháchara (obviamente, un disco rayado) y le desnortaba de continuo, confundiendo su sentido de la realidad. ¡Pobre de aquél que entierra algo vivo, simplemente por egocentrismo y necia comodidad de, a fuerza de funcionar por tópicos, convertirse en un fósil anacrónico! Eso sí. Pero sentirse vacío, perdido, arruinado porque enterró algo muerto ¿no es la definición misma de la simbiosis, Hombre?

Sí que lo es, y tan es así que es justamente en ese paso que **SE MULTIPLICA EL TIEMPO**. Una de las cosas que más asombra cuando afirmo que no hago nada y que me sobra tiempo siempre, es que la gente no suele entender que se pueda investigar como lo hago, descubrir cosas muy importantes y de modo constante, escribir, pintar, leer muchísimo, cocinar, salir, y tantas cosas más, con tiempo de sobra, que además se multiplica en una sinfonía de silencio sobre las olas del mar. Yo sólo evidencio que, al menos, mi sensibilidad llega al paso dos de la secuencia dos de un proceso de seis etapas que rige nuestra inteligencia, y eso de modo innato y natural, sin méritos y sin esfuerzo. ¡Tampoco es para tirar cohetes! Sólo nos deberíamos preguntar en QUÉ mundo vivimos si lo elemental de lo natural suena a portento. Bueno, para hacerte corto y sintético el cuento: David jamás podría estar abrumado ni correr tras las manecillas del reloj para dar abasto.

Y, para terminar con lo mío de ahora y cumplir mi promesa de ilustrarte lo bien que funcionas ya en este proceso, recuerda que ayer tuvimos una larguísima reunión con alguien que afirmaba echarme de menos y estar desolado de haberme usado o herido. Y te vi muy desolado cuando me acompañabas a casa tras la reunión. Tan desolado y sobre todo confundido que temí no haber sido lo suficientemente compasiva, analítica, clara y eficaz, cosa que negaste tajantemente. Y es porque tu sentido musical funcionó cual Rachmaninov en persona en la suite para dos pianos que tanto me gusta: ¿qué decía o mostraba durante tan largo tiempo esa persona? ¡Qué no decía -captó tu sensibilidad "segundo-pasera"-! ¡Sí, durante todo ese tiempo no pronunció ni una sola vez: "¿y tú, cómo estás, amiga?"!

¿Sigues tú la instrucción de nuestro David en su tercer paso de instrucción mental, hombre cabal?

Hombre: Sí, Mujer, sigo. No sin antes quitarme el sombrero por tu exposición sobre el segundo paso y darte toda la razón en lo anterior e insistir en que ayer estuviste no sólo muy compasiva, analítica, clara y eficaz, sino también llena de templanza y de benevolencia. Y si no se produjo el resultado esperado, pues mucha tristeza por el que se lo perdió, claro…

Tras distinguir en lo que sí invertir tiempo y esfuerzo, porque vivo, y distinguir qué puede echarse a perder y qué puede mejorarse, David debe adentrarse en el tercer paso de la metodología MAT de funcionamiento del Sintetizador: **Encontrar opciones y soluciones** y **desarrollar**-las. Es ahora, que sabe distinguir qué merece la pena y qué no merece la pena, cuando puede encontrar opciones que le permitan evitar una pérdida o que le permitan incrementar y desarrollar algo a más, a mejor. De entre las distintas opciones que encuentre, hallará las soluciones óptimas. Aquí lo importante es que, de entre todas las opciones disponibles tras tener los datos frescos y actualizados y saber qué merece la pena, David se decida por la mejor de esas opciones o por una solución óptima que combina varias de las opciones, la que mejor le permita desarrollarse o desarrollar algo y a la vez minimice las pérdidas posibles. Y lo importante también es encontrar las opciones o soluciones dentro de lo posible, dentro de su propia realidad en el aquí y el ahora, no vaya a ser que le pase como aquél que quiso mezclar realidades y pasarse de listo con Dios:

> *"Llega un mortal al cielo y le pregunta a Dios: -Dios, ¿cuánto tiempo es para ti mil años?*
> *Dios contesta: -Hijo mío, eso es para mí como un segundo.*
> *El hombre se queda pensado y luego le pregunta: -Y ¿cuánto sería para ti un millón de euros?*
> *Dios contesta: -Eso sería como un céntimo.*
> *El hombre pensado todo eso le dice a Dios: -Dios ¿por qué no me regalas un céntimo?*
> *Dios responde, sonriendo: -Sí, cómo no, en un segundo..."*

Si tomamos el ejemplo que poníamos sobre la decisión de David de si elegir perfeccionarse en tocar el violín u optar por la pintura, después del segundo paso habría determinado que la insistencia de sus padres en decantarse por el violín se debía fundamentalmente a una proyección de éstos, que hubieran deseado tener esa oportunidad cuando fueron adolescentes. Y habría conseguido separar su propio interés en la materia de la presión paterna que consideraba como algo suyo. También habría determinado que el consejo de aquél extraordinario artista fue gratuito y sincero. Ahora sí, en el tercer paso, podrá barajar las distintas opciones y soluciones con objetividad, eligiendo aquella que más crea que le va a desarrollar como persona y que más satisfacciones le va a proporcionar.

Creo, Mujer amiga, que es en el segundo paso cuando se puede empezar a tener claridad mental, ¿no es así? La claridad que aporta no mezclar lo vivo y sano con lo muerto, paralizado o paralizante. Y de esa claridad inicial, es de donde pueden surgir en este tercer paso **las opciones y luego, las soluciones.**

Antes de pasarte el testigo para ir al cuarto paso, me detengo brevemente en ver **la diferencia que entendemos que existe, según el MAT, entre encontrar una opción y encontrar una solución**, pues en el lenguaje habitual puede no estar tan claro: Una opción potencialmente buena, permitirá a David desarrollarse y minimizar las pérdidas. Una solución, no sólo le permitirá desarrollarse y minimizar las pérdidas, sino que también, y fundamentalmente, lo que hace es eliminar la causa del problema que le hizo poner en funcionamiento sus capacidades de aprendizaje y trabajo que estamos analizando. En el ejemplo, *una opción* es que David intente compatibilizar ambas actividades, *una solución*, es aclarar con sus primogenitores dónde están las fronteras entre ellos y él y dónde deben dejarlo decidir libremente. Es decir, la solución pasa por resolver un problema estructural en el funcionamiento de nuestro amigo David con sus padres, impidiendo que ellos ejerzan funciones que no les corresponden.

¿Crees que me quedó claro, Mujer?

Mujer: Te quedó meridianamente claro, y como bien señalas, Hombre, **el solucionar requiere siempre eliminar, sin agresión ni trampas, la causa que originó el problema**. Al punto de poder hasta olvidarla. Si no, estamos hablando de paños calientes y la causa original, no erradicada, no dejará de volver a manifestarse, generando más problemas. Más graves, eso sí.

Elegir la que nos parezca la mejor de las opciones, en el fondo, no deja de ser una apuesta cuyo resultado dejaremos entre la expresión popular de "si sale con barba San Antón y si no, la Purísima Concepción" y el otro dicho popular "¡Virgencita, que me quede como estaba!". Intentas que salga bien, pero como no te consta que has erradicado la causa del problema, tu acción, aunque la quieras llamar "solución", no es sino un rezo a que no vaya a peor. Tu remedio será parte de una muerte anunciada.

Así que damos por sentado que David aprendió a erradicar la causa de los problemas y a obtener soluciones. Entonces podemos ir al proceso siguiente que consta de dos pasos: **negociar** primero y **comunicar** después.

Aquí también hay aparentemente un contrasentido en el orden de los pasos eficaces: pues lo tópico sería esperar, si tienes una solución, a que la comuniques primero y la negocies después ¿Verdad, Hombre?

Pues no, como ya sabes, esto no es eficaz, ni mucho menos desarrollador, pues la secuencia común, la de comunicar primero, no toma en cuenta las necesidades ajenas ni mucho menos parte del principio de que siempre se puede aprender del otro. Vas y le lanzas tu solución, dando por hecho que todo el proceso de reflexión, investigación, elección de opciones, meditación anticipatoria que tú hayas podido hacer, le consta al otro. Y lo descalificas al tiempo, dejándole bien claro que no podría aportarte nada con sus reflexiones y que además no tiene necesidades ni sensibilidades diferentes a las tuyas. Nada extraño entonces de que el otro te encuentre todos los "peros" del mundo. Entonces te percatas de que cada mente es un universo e intentas negociar. En realidad, intentas influir y presionar para imponer tu solución, que, de plano, ya se convirtió en mera opción, si te fijas bien. Obviamente, cundo digo ahora "tú", no hablo de ti, sino que ilustro que no estamos solos en el mundo y que la tristeza clara siempre ha de alejarse del "yo" ególatra y fatuo, pensando en el otro, dialogando sensiblemente en suma.

Lo que viene a cuento es, cuando ya tienes la solución, **negociar**-la antes de formularla con suficiencia y vanidad. Primero y principal, se trata de **negociarla contigo mismo, porque hay**

resistencias interiores que podrían dejar cualquier buena solución, saboteada e inoperante. Por ejemplo, pongamos que la solución es romper las relaciones con tu novia. ¡Ya! Eso puede ser la solución real, y la damos por buena, pero habrá una infinidad de sentimientos, apegos, miedo a la soledad, a ser injusto, a necesitarla, que se van a oponer y tal vez van a dejar inoperante la solución. En tal caso, te sentirías peor después, que antes de elegir la solución. **Una buena solución ha de salir del acuerdo y colaboración de todo tu ser. Si no, estamos hablando de intenciones. No de soluciones**. Y si eso pasa contigo ¿qué no pasará con el otro? Con la novia, en este caso.

En la negociación, se trata de saber, con sensibilidad y tristeza auténtica, es decir con cuidado y colaboración, **ponerte en los zapatos del otro, sufrir por sus zonas heridas y dañadas, buscar canales de comunicación lozanos, despejados, no interferidos. Y comunicar de modo gestual y verbal coherentes.**

La mayoría de la gente niega con sus gestos, expresiones faciales y corporales, lo que sus palabras enuncian. Niega con la cabeza al tiempo que te dice "te quiero" o "lo paso bien contigo". Toma una expresión insegura y temerosa mientras te señala un defecto tuyo o un agravio que cometiste contra ella. La coherencia entre expresión verbal y corporal es lo más importante en la comunicación limpia, honesta y eficaz. Di con tus gestos lo mismo que con tu discurso, porque si no, además de estar confundiendo al otro, o sea, dañando su capacidad de entender - y eso es justamente materia de este capítulo-, te puedes ahorrar todo tu discurso, porque está más que comprobado que **es el lenguaje corporal el que más impacto hace en el otro. Sencillamente porque es el primero que hemos aprendido en un momento –el de bebé- en que el Requisito fue el establecer un diagnóstico.** Un bebé no entiende las palabras, pero sí sabe perfectamente leer las expresiones de amor o de desagrado de sus padres y cuidadores.

Si le dices adiós a tu novia con mirada y cara de amor arrebatado, la desorientarás y además le darás pie a manipularte. Estarás jugando a "Pedro y el lobo" y la próxima vez que se lo digas en serio, no hará ni caso y se sentirá indispensable en tu vida. Eso, sobre la coherencia. Y ¡los padres sólo podrán enseñarla, si ellos son coherentes, obviamente!

Y ahora, imagina lo difícil y sensible que es **buscar los canales de comunicación capaces de emitir y de recibir el mensaje, no sólo sin interferencias, sino con colaboración y alivio encantado.** Y esto también ha de ser enseñado, entrenado y ejercitado en la primera adolescencia. De otro modo, el adolescente, puesto a deber comunicar mal, preferirá hacerlo sólo en su jerga con sus semejantes. Así, hablar con los que le han de enseñar será siempre un incordio.

No vamos a dar aquí un seminario MAT de comunicación, pues necesitaríamos rescribir libros que ya están escritos, por cierto[11]. Pero sí **recodaremos los grandes principios de una comunicación sensible, inteligente y eficaz.**

Lo primero, recordar que ya tenemos la base y fundamento de la tristeza y del desarrollo en el niño, pues le hemos enseñado lo más importante: **diagnosticar con seguridad** a sí-mismo y a los demás. El niño ya tendrá incorporado –y mamado, nunca mejor dicho- la capacidad de percibir las zonas dañadas del otro y sus áreas luminosas. Se tratará entonces de despertar en él **el miedo a dañar lo dañado y la sensibilidad para cuidarlo y repararlo así como para dar cabida aliviada y desarrollada, a las zonas potencialmente más luminosas de sí-mismo y de los demás.**

Así que, la negociación eficaz y compasiva es la metodología para **comunicar desde lo mejor de ti a lo mejor del otro** y no, como en sindicatos y congresos, desde lo peor de ti a lo más dañado y manipulable del otro. Desarrollar significa ganar-ganar y no perder-perder. Pues al dañar al otro, el que más pierdes eres tú.

La negociación sensible y eficaz no sólo tratará de comunicar de competencia a competencia, de talento a talento y de vocación a

---

[11] N.E. "El Libro de tu desarrollo o cómo eliminar la tristeza" de Preciada Azancot. ISBN: 9788460972297.

vocación, obviamente, sino que se fundamentará en el diálogo musical y orquestal entre las grandes rocas de cada cual: sus respectivas emociones originarias. Y es evidente entonces que **lo primero es enseñar al adolescente a hablarse hacia adentro de sí mismo**. Pues es tan sólo cuando haya aprendido a cuidar de sí, a desarrollarse e investigarse a sí mismo, que se le despertará la pasión de cuidar de los demás e invitarlos, sin trampas, a desarrollarse y a optar siempre por ese desarrollo.

En este proceso de negociación, interior primero, exterior después, movilizará toda la potencia de su personalidad para desear aplicar esa solución providencial y tratará de desandar el camino metodológico con los interesados en la resolución del problema con el fin de, no sólo **comunicarles todo el recorrido franqueado mentalmente para llegar a la solución, sino pedir su colaboración enriquecedora para completarla**, matizarla, flexibilizarla; hacerla más eficaz e inteligente y transformar un mal trago en un gratificante y enriquecedor trabajo de equipo.

Comprobamos, como siempre, que si no tenemos las bases y los medios, nada es posible. Y claro, ¡imagínate, Hombre, en la situación de la educación social actual, si eso es posible! Sería magia y ciencia ficción creer que adolescentes, criados como lo hemos mostrado en nuestra crítica social actual, podrían ser capaces de solucionar problemas de modo inteligente. Ya que son precisamente sus educadores los que se los suelen crear.

Entonces, una vez negociada hacia adentro y hacia afuera, la solución puede ser formulada con completitud y eficacia. A eso se la llama **comunicar**-la. En esa comunicación sólo se tratará, para hacerla asertiva, de **comunicarla de mente a mente, es decir de inteligencia a inteligencia de modo objetivo, casi científico**, poco importa si han intervenido y colaborado anteriormente –y más nos vale que así haya sido- durante la negociación, diferentes competencias, talentos y vocaciones sostenidas por emociones originarias. De lo que se trata aquí es de comunicar, con el consenso satisfecho de todas las demás emociones y estructuras de los participantes e interesados, el **QUÉ HACER, CON QUÉ MEDIOS, EN QUÉ TIEMPO Y FE-CHAS, Y DURANTE CUÁNTO TIEMPO, PARA OBTENER QUÉ RESULTADOS**. Hasta la solución más dura y dolorosa, será siempre un alivio. Y no todas las soluciones han de ser duras ni dolorosas, obviamente. ¿Te parece bien, Hombre?

Hombre: ¡Me parece estupendo y esencial, Mujer! Me llama mucho la atención –por lo nada habitual- y me parece importan-tísimo, el negociar con uno mismo como primer paso de la negociación. Creo que no sólo es muy sano sino la única manera de ser inteligente y estar en disposición de negociar con otros. Lo voy a practicar, muy aliviado ¿sabes?

Y también quisiera remarcar la importancia del ego a lo largo del proceso de negociar y comunicar –en ese orden, claro. El ego nos "imbeciliza" pues no sólo queremos imponer nuestro punto de vista, opción o solución, sino que antes habremos llegado a ella sólo con los datos que no van en contra suyo, es decir, poquísimos. Si nada que atente contra nuestro ego puede tenerse en cuenta, si nada que lo refuerce puede ponerse en duda, vamos de cabeza hacia la figura muerta que describías procesos atrás, la de un imbécil petrificado. ¡Y miope además!

Una buena cura para mitigar el ego es reírse de uno mismo. ¿Tú crees, Mujer, que éstos del chiste se rieron de ellos mismos? ¡Sería lo único que les salvaría de tamaña tontería! ☺

> *"Un grano de arena le dice otro grano de arena: -¿Damos un paseo?*
> *-¡De acuerdo!*
> *Los dos granos de arena ruedan por el desierto del Sahara. De pronto un grano le dice al otro:*
> *-Mira con disimulo hacia atrás. Tengo la impresión de que nos están siguiendo."*

Tras haber hallado una solución, negociarla y comunicarla, nuestro amigo David podría ya sentirse satisfecho y preguntarse: ¿queda algo más por hacer? Pues sí, quedan por hacer todavía tareas esenciales. De acuerdo a la metodología MAT de desarrollo nos quedan aún dos procesos más para que David pueda cerrar la tristeza y el desarrollo con broche de oro, para que se pueda convertir en un ser más sensible e inteligente. Veamos: el penúltimo proceso consiste en tres pasos ordenados: **Relacionar**, **calcular** y **procesar**. Este proceso va a permitir ampliar el campo de acción y de aplicación y va a multiplicar las opciones y las soluciones para su aplicación en cualquier ámbito de la vida.

El primer paso consiste en **relacionar** la solución definitiva, ya negociada y comunicada, con otras soluciones y otros datos dentro de todo el ámbito del universo humano: sensaciones, intuiciones, ideas, imaginaciones. De esta manera, nuestro amigo David será capaz de aportar resultados sensibles y más desarrollados, más allá del problema inicialmente planteado. En el ejemplo que ponías sobre dejar a la novia, puede llegar a la conclusión de que tiene la necesidad de reorientar sus pasos profesionales o de iniciar una nueva afición. O de dedicar más tiempo a sus amigos verdaderos. La capacidad de relacionar va a permitirnos aprender de nosotros mismos, de nuestros comportamientos y de los comportamientos ajenos. Además, cuanto más practiquemos, más sencillo nos resultará relacionar cosas que en principio no parecen tener relación, llegando a resultados más brillantes e inteligentes. Relacionando el problema con la novia y los problemas con sus padres, David puede llegar al resultado de que se dejó manipular por su madre cuando era niño y ahora, inconscientemente, busca al mismo tipo de mujer manipuladora.

En el segundo paso se trata de **calcular** -sumando, dividiendo, multiplicando o restando- nuevas opciones y nuevas soluciones, llegando a resultados más precisos, más afinados y más completos. Justo lo contrario de lo que les pasó a estos amigos estudiantes vascos:

"-Pues a mí el resultado de la operación me da infinito, dice uno, algo perplejo. Y responde el otro: -¿Infinito? ¡Me parece poco!".

Hay que tener en cuenta que el cálculo que hace la tristeza, esto es, la inteligencia, es un cálculo entre categorías iguales. Suma, resta, multiplica o divide peras con peras y manzanas con manzanas. Los cálculos entre categorías distintas pueden realizarse con otra de las dimensiones del ser humano que veremos dentro de un par de capítulos.

Y es en este paso del cálculo que debemos aplicar, primero hacia adentro y después hacia afuera, lo que tú tan bien denominas "**resistencia de materiales**" y "**control de calidad**". Se trata de calcular, poniéndose en lo peor, las alternativas que tenemos, la capacidad que tendremos de afrontar algo, es decir, de medir nuestras fuerzas y las fuerzas de los demás. Para que lo entienda nuestro amigo David, se trata de que se haga a sí mismo preguntas molestas y de que se conteste con sinceridad. Y que lo haga con cierta frecuencia de manera que siempre tenga claro cuál es su fortaleza y cuál es su densidad. De esta forma se convertirá en una persona absolutamente sincera y honesta y sabrá dónde pararse, hasta dónde puede llegar o qué aspectos tiene que fortalecer para afrontar con éxito ciertos problemas aún no resueltos. Sin auto-control de calidad, no podemos decir que somos honestos, ¿no crees, Mujer?

El tercer y último paso de este quinto proceso es **procesar**. El procesamiento va más allá de la relación y del cálculo, pues entra en juego la programación. Es por así decirlo, crear las reglas inteligentes que nos permitan llegar al resultado deseable, a la solución buscada. Es como pasar de la Aritmética al Cálculo Infinitesimal y las Ecuaciones Diferenciales. Y crear esas reglas inteligentes con todas las variables o incógnitas que pensamos tienen que entrar en juego. Si David ha pasado antes por la relación, tendrá a su disposición nuevas reglas, actualizadas e inteligentes. Y si ha pasado por el cálculo, le habrán aparecido nuevas variables y nuevas incógnitas que antes de ello no contemplaba. El procesamiento le va a permitir, en estas circunstancias, llegar al resultado deseado de manera ágil, brillante y "deslumbrante". El resultado del procesamiento muestra la sensibilidad y la inteligencia de una persona.

Una persona que tiene en cuenta excesivas programaciones y excesivas variables e incógnitas, tendrá un procesamiento espeso, se irá por las ramas, se enrollará, abrirá interminables paréntesis y rumiará y rumiará sin obtener nada medianamente inteligible. Por el contrario, una persona que limita la programación y limita el número de variables y de incógnitas, que se queda corto, será una persona simplona, llana, con pocas luces, lo que habitualmente llamamos "tonto", como el preso del chiste:

> *"Los presos se encuentran en el patio de la cárcel, y uno de ellos está enojadísimo.*
> *Al verlo, su compañero le pregunta:*
> *- ¿Qué te pasa?*
> *- ¡Estoy indignado! ¡Me echaron 40 años, y sólo tengo 25!"*

Como sé que cerrarás el capítulo con broche de oro, quisiera hacer una recapitulación; ahí va: Si cuando tenemos un problema al que enfrentarnos, aplicamos los pasos que acabamos de ver, y los que ahora nos contarás, estaremos evitando caer en la locura. Si queremos aprender a conocer la realidad tal cual debería, filtrarla, procesarla, conectarla y distinguir la percepción viva de la muerta, entonces podremos barajar opciones y encontrar soluciones, podremos desarrollarnos y desarrollar lo desarrollable, sin perder el tiempo, los ánimos y las esperanzas en lo que nunca se desarrollará pues se petrificó o se murió.

Es entonces que podremos negociar y comunicar nuestras soluciones, apuntando hacia el consenso y hacia el acuerdo ganar-ganar. Y es entonces que podremos relacionar, calcular y procesar, listos para establecer el último proceso que vas ahora a explicar.

Y si nuestro amigo David procede así, además de ser una persona clara, inteligente, sensible, compasiva y brillante, se abonará a la cordura, y apuntará hacia su ser y más allá, hacia su espíritu, y reirá y reirá ante el chiste del contestador automático del Sanatorio de Salud Mental, sabiendo que nunca estará en ninguna de esas categorías:

"Gracias por llamar al Instituto de Salud Mental, su más sana compañía en sus momentos de mayor locura.

Si usted es obsesivo y compulsivo, presione repetidamente el 1.

Si usted es co-dependiente, pídale a alguien que presione el 2 por usted.

Si usted tiene múltiples personalidades, presione el 3, 4, 5 y 6.

Si usted es paranoico, nosotros sabemos quién es usted, sabemos lo que hace y sabemos lo que quiere. Espere en línea mientras ubicamos de dónde nos llama.

Si usted sufre de alucinaciones, presione 7 y su llamada será transferida al Departamento de Elefantes Rosados.

Si usted es esquizofrénico, escuche cuidadosamente y una pequeña voz le dirá qué número debe presionar.

Si usted es depresivo, no importa cual número pulse. No va a conseguir comunicarse.

Si usted sufre de amnesia, presione 8 y diga en voz alta su nombre, dirección, teléfonos, cédula de identidad, fecha de nacimiento, estado civil y el apellido de soltera de su madre.

Si usted sufre de estrés post-traumático, presione lentamente la tecla de # hasta que alguien se apiade de usted.

Si usted sufre de indecisión, deje su mensaje luego de escuchar el pitido... o antes del pitido... o después del pitido... o durante el pitido. En todo caso, espere el pitido...

Si sufre de pérdida de la memoria a corto plazo, presione 9.

Si sufre de pérdida de la memoria a corto plazo, presione 9.

Si sufre de pérdida de la memoria a corto plazo, presione 9.

– Repetidas veces...

Si tiene la autoestima baja, por favor cuelgue, en este momento nuestros operadores están ocupados atendiendo importantes llamadas de otras personas."

Tras la licencia humorística, ¿rematas ya tú, querida amiga, el proceso de desarrollo con el sexto y último paso?

Mujer: Con mucho gusto, amigo. Y gracias por tu exposición impecable. El último paso del proceso mental es el más apasionante, es finalidad y siembra, y, antes, cosecha. Pues al fin, nuestro David puede disfrutar de tener una Mente sana y cuidada. Se trata, en este orden, de **pensar, memorizar y buscar.**

Pensar. ¿Sólo a estas alturas podemos emplear esta palabra de modo auténtico y honesto? Naturalmente que sí. En nuestro mundo aun invertido, esta palabra, como casi todas las demás palabras importantes, está degradada. Nos toca limpiarla, restaurarla, y devolverla al mundo para que nunca más se la degrade.

Estamos a un tal nivel de aberración, que la gente que sufre de trastornos graves de la mente, que se traducen por un constante rumiar en el vacío, agotador, estéril y que embota justamente nuestra capacidad de detectar, formular y resolver problemas, llama a eso por su opuesto: pensar.

Si te pongo una imagen gráfica de lo que significa pensar, te daría el mito de Sísifo como ilustración de lo que no significa pensar. **Imagina a un Sísifo que colocase la pesada piedra en lo alto de la montaña, sin tener que empujarla ni arrastrarla, sin sufrir y sin que nunca se le caiga, simplemente dirigién-dola con la mente, en un estado despejado y descansado, y desde luego realizado rapidísimamente. ¡Eso es pensar!**

Pues cuando se aprende a re-educar nuestra mente –en el caso de David o de un adolescente normal, sin siquiera tener que sufrir esto, sino simplemente hacerla funcionar como fue ideada para serlo-, la velocidad con la que se recorre el proceso de seis fases que estamos describiendo, es rapidísimo, cada vez más rápido y más que el de un computador de última generación, desde luego. Por eso multiplica el tiempo. Pues, contrariamente a nuestras máquinas, **una inteligencia entrenada, en cada fase o sub-fase del proceso, se proyecta hacia adelante y se refuerza hacia atrás, consolidando y aligerando la idea.** Pues de eso se trata: **PENSAR ES GENERAR IDEAS** que preserven y mejoren al entorno y a nosotros mismos. Es lo que en los te-beos se dibuja como la bombilla que se enciende: eso es pensar. Y es fácil y placentero: cualquiera que intente hacer las cinco fases que acabamos de describir, en orden y secuencia, gene-rará una idea. O varias. Por ejemplo, concluir que Descartes se equivocó: no es "Pienso, luego existo" sino "Pienso, luego hay algo en mí".

Como bien indico y recalcas, Hombre, el secreto está en acallar el ego, que sólo es ruido en nuestro computador prodigioso, con el añadido de que ese ruido crea un virus que inutiliza la instalación. ¿Cuál sería el mejor anti-virus que soñar se pueda, el que evitaría por siempre que se creen problemas o que se salten pasos, o peor aún, que se inviertan éstos? El DESPRENDIMIENTO. Es decir la gratuidad en el hacer las cosas que tocan hacer. Y siempre que puede haber algún daño, muerte o pérdida, toca hacer cosas, toca pensar. El desprendimiento no busca resultados: los obtiene, y siempre para dilución del ego, siempre para la liviandad y la claridad. **El desprendimiento es la actitud vital de lo auténticamente científico.** Y es por eso que genera CIENCIA, como el árbol genera frutos. Igual.

La idea es el esqueleto, la estructura del Concepto. Este último depende de otra emoción complementaria, el amor, que veremos más adelante.

Una vez que tengamos una idea, lo más científica posible, es decir con vocación de objetividad, universalidad, transmisibilidad, medición y replicabilidad, podemos ir al segundo paso, y **memorizar**-la.

También sobre la memoria hay mitos y tópicos siniestros: hay gente que hasta memoriza números telefónicos y la lista de la compra, con tal de atestar la mente y no dejarle espacio para lo que de verdad necesitará guardar en ella. En rigor, hay que memorizar tan sólo dos cosas: dónde buscar la información que se necesita, y las ideas generadas por auténticos pensamientos. Sólo eso. La actitud equivocada lleva al Alzheimer. No memorizar lo que pagarías por olvidar genera neuronas cerebrales que te mantienen la mente cada vez más joven musculada, brillante y rápida.

¿Para qué memorizar? Pues sólo para una cosa: para buscar más y mejores ideas y olvidar las viejas. No insistiré pesadamente en el desprendimiento: se supone que una mente inteligente nunca busca datos que refuercen su propia idea, más bien buscaría los que la puedan cuestionar o invalidar, pues si eso es fácil, la idea no era tal. Y si cada anti-argumento nos lleva a una idea más afinada y clara que diga lo mismo pero más desarrollado, más eficaz, más claro y útil, es que la idea era válida. Por lo tanto merecerá que se busquen desarrollos y mejoras, incasablemente. A una mente así, se la denomina: **investigadora**. El I+D reposa en esto y salta hacia el orgullo. Sólo que se la confunde con Innovación y Creación, y esto es un error. La labor de Investigación y Desarrollo es un trabajo en equipo y únicamente función de la tristeza, mientras que el cometido de Innovación y Creación es únicamente función del orgullo. Ya lo veremos más adelante también.

Bueno, hombre amigo, no es que me haya dado un ataque de pereza, ni de olvidos, es que si este último y sexto paso se hace bien, basta con esto que formulo. Nuestro David, ya es todo un portento en franquear esos seis pasos inteligentes en secuencia. Los aprendió a dominar durante diez años y ahora tiene ya 19 años, y si no los tiene estamos en vísperas de su cumpleaños. ¿Te parece que pasemos a construirle una juventud digna de él?

METODOLOGÍA MAT DE DESARROLLO

Capítulo 5 – La juventud y primera madurez - de 20 a 39 años: Edad vitalista y culta

Hombre: ¡No encuentro mejor regalo de cumpleaños para nuestro amigo David! ¡Intentar construirle una juventud digna de él! ¡Pues allá vamos, compañera!

Tenemos a un adolescente sensible, inteligente y desarrollado y que ya sabe desarrollarse hacia más y mejor. Y que, cuando niño, aprendió a defenderse por sus propios medios ante los ataques a la integridad propia o ajena y aprendió a respetar la integridad de los demás y de su entorno.

Antes de entrar en cómo seguirá creciendo nuestro amigo, y cómo iría construyendo su nuevo cielo de andar por casa, creo que habría que hacer una radiografía, como hiciste en los dos capítulos anteriores, de cómo la sociedad actúa con los jóvenes y cómo los jóvenes reaccionan ante la sociedad.

Hasta llegar a jóvenes, y según hemos ido viendo, cuando eran bebés y niños se les ha consentido todo, se les ha tratado como un regalo y no se les han enseñado límites. Y cuando se convirtieron en adolescentes, la sociedad los forzó a ser adolescentes medio tarados, simbiotizados y presos emocionales. Ahora que dejan la adolescencia y comienzan su juventud, ¿cómo los trata la sociedad? ¿Cómo reaccionan ellos?

Nos encontramos con jóvenes que no quieren salir de la adolescencia, conviviendo en la casa paterna hasta pasados los treinta años, desmotivados, desilusionados, derrotados antes de intentar moverse. Jóvenes que queriendo salir de la adolescencia, y con dos carreras universitarias y algún máster se conforman con trabajar de teleoperadores por menos de mil euros al mes. Jóvenes que se ven impelidos a comprar una casa si quieren independizarse y que se sienten también presionados a que les toca emparejarse y pensar en formar una familia... ¡Menudo Mundo de locos! Todo ello, con una sensación de injusticia social que no saben cómo atacar ni cómo proponer nuevos valores, nuevas formas de entenderse, de convivir.

¿Cómo ves la situación, Mujer?

Mujer: La veo, Hombre, como la consecuencia inevitable del ilógico descaminar anterior. Alguien sin límites, sin información ni entrenamiento para pensar con claridad, llega a la edad del esplendor del cuerpo, de la belleza física, de la agilidad lozana y **se cree superior al resto del mundo y naturalmente, de sus padres, que, por jóvenes que sean éstos, son vistos por él como carcas que se lo han consentido todo y que están en**

el mundo, obviamente, para serle cada vez más útiles. Así que se comportará comúnmente como un **depredador**, tanto de cara a la generación de sus padres -pues éstos siguen ocupando puestos que ya estima deber rendirse a sus encantos-, como entre los demás jóvenes de su misma edad. **La ambición, el desenfreno, las ocurrencias más facilistas, el atajo como prueba de ser listo, serán su patético sino y su religión será la competitividad.**

Pero lo más grave del caso es que son los padres, los educadores universitarios y los cazatalentos los que los empujarán a radicalizar esta conducta. Pues tras una falsa alegría dada al niño, un falso amor sobreprotector y esterilizante recibidos en la adolescencia, toca ver al joven como la prolongación del EGO oficial–no sólo del de sus progenitores sino del de la Sociedad en su conjunto- y exigir de él que sea, haga, elija lo que ellos hubieran soñado para sí –y que no pudieron hacer ni elegir, obviamente por no haber tenido padres tan maravillosos como ellos lo son, ni un entorno social como el que ellos conquistaron para ser imitados y hasta superados –en mal- por su prole, por esta nueva generación de lobos de entre 20 y 39 años-.

Al joven, así pues, **se le pedirá tópicamente, que sea el orgullo de la familia, a la vez que, la única prohibición que le será dada, será la de EJERCITARSE en detectar CÓMO es él y cómo es la sociedad que le tocó. Se le da el señuelo del falso orgullo de ser el caballo de apuesta en la competición**

con sus compañeros, el que cuyos trofeos muestren a los suyos que fueron los mejores educadores y los más amantes padres. ¿A qué te huele esto, amigo Hombre?

Hombre: ¡Me huele a chamusquina, Mujer! Y **me huele a trampa**. Es sobrecogedora, por cierta y descarnada, la verdad que acabas de manifestar acerca de los jóvenes.

Y a esto tenemos que sumarle unas cifras de paro juvenil cercanas al 50% en España y muy altas, aunque no tanto, en el resto del mundo. Con lo cual, el caldo de cultivo para el perfil depredador, competitivo y desalmado es terriblemente eficaz...☹.

Tengo algunos amigos y muchos primos en esta etapa de la vida y lo que percibo en la mayoría de ellos es, primero, que se sienten capaces de comerse el Mundo y sobradamente preparados - cosa que, entre tú y yo, no veo tan obvia tras la des-educación universitaria y menos, tras la todavía peor des-educación en alguna maestría de dirección de empresas-. Segundo, que la sociedad es injusta porque no les dejan demostrar lo que valen. Y tercero, que todos los que superan la cuarentena larga, como yo, deberíamos ir pensando en retirarnos para dejarles sitio...

Los pocos que consiguen un buen trabajo, se sienten como dioses del Olimpo, los pocos que se deciden por el emprendimiento empresarial y tienen un cierto éxito, ya se sienten por encima de los dioses del Olimpo y miran a todo el mundo con prepotencia, soberbia y aire de suficiencia. Y los más, los que consiguen un mal trabajo, mal pagado y precario, o no consiguen trabajo, se siente también como dioses del Olimpo, pero desterrados... Quiero decir, que ellos están listos y son ""los demás", preferiblemente padres, tíos y resto de parentela, los que deberían mover el culo para encontrarles su sitio. ¡Y ya están tardando!" – según dicen tan elegantemente estos nuevos lobos.

Pienso que desde tiempos remotos ocurren las cosas como las describes, independientemente de la civilización y de la era. Los jóvenes siempre han estado en la sociedad para comerse el Mundo y para dar testimonio al resto de la grandeza –fugaz, eso sí- de la raza humana. Es como si la juventud fuese un concepto idolatrizado, y la propia palabra esté cargada de significados como éxito, empuje, determinación, creatividad, etc. Es por eso que, desde siempre, tantos seres humanos que, coyunturalmente, han pasado por la juventud, se han creído y se han erigido como la carnalización de ese concepto idolatrizado, volviéndose prepotentes y soberbios y, por ende, patéticos.

Aunque ha habido voces que se han rebelado contra ese concepto-ídolo, como Sócrates hace casi dos mil quinientos años: *"Los jóvenes hoy en día son unos tiranos. Contradicen a sus padres, devoran su comida, y le faltan al respeto a sus maestros."* o Hipócrates: *"Los jóvenes de hoy no parecen tener respeto alguno por el pasado ni esperanza ninguna para lo porvenir.*", existe ese culto a la juventud como concepto-trampa. Del "*Juventud, divino tesoro...*" de Rubén Darío hemos pasado a la obsesión por mantenerse joven a base de cremas, cirugías, potingues y remedios milagrosos. Y total, ¿para qué? ¿Para representar o parecer qué cosa? ¿Para, parafraseándote, representar "la ambición, el desenfreno, las ocurrencias más facilistas, el atajo como prueba de ser listo"? ¿No te parece terrible, Mujer?

Yo, sinceramente, creo que la juventud debería ser una etapa de la vida maravillosa, como todas las etapas de la vida, PERO, no como si hubiera que demostrar, como producto y resultado, lo perfecto del sistema, de la sociedad, de los progenitores. Todas las esperanzas, falsas, puestas en la juventud, son demasiada losa como para avanzar resueltamente por la vida.

Mujer: La juventud, mi querido Hombre, tiene sus maravillas y prodigios, como tal. No necesita que se le dé **un valor añadido de producto terminado, de trofeo provisional de sociedad de consumo, con fecha de caducidad, ni, mucho menos, que se la vea como la obra, la creación terminada de una sociedad de valores invertidos.**

Afortunadamente, ya no existe el servicio militar y si por mí fuera, yo recomendaría un **Servicio de Culturización en Relatividad.** Sí, durante dos años, los jóvenes, antes de elegir la carrera u oficio que les gustaría tener, se vieran obligados –dulce obligación- a salir de sus casas y de su país, con recursos justitos, y a recorrer el planeta. Seguro que así sabrían cómo dirigir sus vidas y que sus padres no les empujarían a ser monos de feria que imiten sus pasos y cumplan sus expectativas. Así, el sueño máximo de un ya no adolescente pero aún no joven, no sería el pisito, la noviecita, el cochecito y todas las demás ataduras de la sociedad de consumo en la que, por cierto, él es el mayor producto de consumo con fecha de caducidad.

La juventud es ante todo, CUERPO LOZANO y vibrante. Es VITALIDAD. No sólo el propio cuerpo sino todos los cuerpos. Me refiero al cuerpo de doctrinas, de ideas, de apegos, de regionalismos y provincialismos. Y es vitalidad, es decir, salud integral, no sólo del cuerpo, sino de la mente, del alma y del espíritu. Y para ello, es la mejor edad, la única definitiva, para aprender a cultivar ese prodigio que es el cuerpo, no sólo como máquina musculada, sino como caja de resonancia de todos lo que pueden captar nuestros seis sentidos y de todas las emociones vivas y sanas que son nuestras fuentes sagradas y diferenciadas de energía.

Un tal cuerpo no está hecho para florecer en invernaderos sino para moverse, viajar, conocer y comparar culturas, con el único fin de afianzar el propio sistema de valores, de elegir sobre qué partes de la personalidad propia construir su propio estilo de liderazgo y saber cómo reconocer lo vital, vibrante, sano y cómo erradicar, diluir, combatir si fuera

**necesario, lo mentiroso, lo manipulador, lo falso, lo enga-
ñoso.**

Sí, **es la edad de la RABIA**, esa emoción maravillosa que defino como la capacidad innata de detectar mentiras, manipulaciones y agresiones y reaccionar ante ellas, no sólo mostrando con energía el "así no" de situaciones y valores intolerables, sino indicando y proponiendo para el debate, el "así sí" de las cosas. La juventud es **la edad de la Justicia y la que mejor nos garantiza el CÓMO alcanzar y conservar para siempre, la salud física, mental, espiritual, social, anímica.** ¿Qué me dices, Hombre?

Hombre: Te digo que sí, que así sí, querida Mujer.

Me agrada tu propuesta de un *Servicio de Culturización en Relatividad*, cosa que, de una manera u otra, se hace desde hace décadas en países como Holanda o Dinamarca. Permitiría a la juventud oxigenarse, tomar perspectiva, comparar culturas, valores, formas de hacer las cosas y, de entre todo ello, elegir su propio estilo de vida, sus valores, su cultura, proponiendo mejoras sobre el abanico de lo existente, y no quedándose en su "mamiferío", si me permites tu denominación del círculo familiar más cerrado.

Y tienes toda la razón. La juventud se ha caracterizado siempre por el "así no", de manera más o menos virulenta. Es la juventud la que organizó las protestas del Mayo del 68 francés, la que organizó las protestas de la Plaza de Tian'anmen en 1989 y la que ha organizado las actuales protestas, tanto en Israel, como en los países árabes, como en España con el movimiento 15-M o en EE.UU. con el movimiento Occupy Wall Street. Y todas estas protestas se caracterizan por destapar y denunciar formas de actuar periclitadas y, o corruptas, pero no por aportar soluciones nuevas, nuevos valores o nuevas realidades. Protestar, denunciar y atacar las injusticias es muy loable, pero no supone más que un punto y aparte. No hay nuevas propuestas a debatir, nuevas ideas a consensuar.

Esta realidad del "así no" como imagen determinante y definitoria de la juventud se ilustra muy bien con esta frase de Shakespeare: *"La juventud, aun cuando nadie la combata, halla en sí misma su propio enemigo."*

Pero, claro, **nunca nadie antes había visto que el cierre perfecto del "así no" era el "así sí". Tras el punto y aparte, hay que seguir con las propuestas que pensamos van a crear más justicia, mejores y más verdaderos valores universales. Hablaremos más del "así sí" y de todo lo que aporta y abre.**

Hay en tu intervención anterior conceptos e ideas que, por su importancia, merecerían un detenido debate: Salud integral, liderazgo, sistema de valores, justicia, cultura. ¿Todo ello tiene que ver con la RABIA? ¿Cómo de ésta surgen aquellos?

Me encantaría empezar por la salud integral, la vitalidad, ¿te parece bien?

Mujer: Todo cuanto vamos a ver va a confluir, si tratamos bien la materia que nos ocupa en esta edad del ser humano -la juventud-, en mostrar cómo estamos hoy, a nivel planetario, entrando en una GUERRA DE VALORES. Una guerra que debería tornarse debate universal, multiprofesional, multicultural, y que abra paso a la creación de ese bio-humanismo tan necesario y que tan pocas personas ven llegar de modo tan nítido como nosotros dos los vemos, Hombre.

Lo consolador de esto es que, **si estoy en lo cierto, el planeta estaría saliendo de la adolescencia y adentrándose en la juventud de la especie evolutiva**. ¡Sería maravilloso que esto estuviera ocurriendo! Porque limitarse a una guerra de valores basada sobre el "así no", sobre la denuncia destructiva de lo que se ataca sin proponer algo nuevo que sanee y vitalice la sociedad, sólo llevaría al cansancio y al rescate de una sociedad, de una civilización y de un sistema de valores que ya no dan más de sí.

Pero no adelantemos acontecimientos y empecemos por lo más importante y anclado de la rabia: el cuerpo. **El cuerpo es inviable sin energía, sin movimiento, sin sistema de saneamiento y de renovación de lo muerto, sin músculo y sin carne** ¿verdad?

Y en la juventud, que representa el florecimiento de la belleza corporal en todo su esplendor, lozanía y fuerza, no se trata tan sólo de ejercitarlo haciendo deporte y *fitness* –que también, pues el propio cuerpo lo pide-, sino, también y sobre todo, de descubrir y manejar la potencia de ese aparato tan prodigioso que nos permite vivir, movernos, actuar en suma, en esta tierra. **Se trata de pasar del uso inconsciente del cuerpo, a dominar la CORPORALIDAD.**

Como sabes, amigo Hombre, mis descubrimientos hospitalarios me permitieron confirmar una intuición de artista –pintora retratista en lo que mí hace- al observar rasgos típicos de cada tipología de personalidad. Descubrí que nuestro cuerpo encierra un sistema prodigioso y perfecto en el cual, cada sentido constituye una antena especializada que capta y emite señales del entorno y hacia éste. Que al captar un estímulo del entorno, dicho sentido solicita la energía especializada –la emoción auténtica, como bien sabes- apta para hacer funcionar la estructura, también especializada, que da respuesta plena y completa al estímulo en cuestión. Igualmente, al emitir señales y estímulos hacia el entorno, dicho sentido, su emoción correspondiente y su estructura sana y energetizada, esperan en respuesta la misma autenticidad y la misma verdad y saben detectar mentiras, obviamente, y reaccionar ante ellas. Sin cuerpo, todos estaríamos en el limbo, nada sería real, tangible, carnalizado en suma.

Así que descubrí, como sabes, que **el miedo tiene como antena el tacto** y como estructura especializada en seguridad, el Rector. Y que el miedo **rige el sistema inmunológico, los riñones y la suprarrenal, la piel y las mucosas, la nuca así como las cervicales**. Nuestro niño debería tener todo esto en perfecto estado.

Que **la tristeza tiene como antena el oído** y como estructura para el desarrollo, el Sintetizador y que **rige la tiroides, el sistema linfático y circulatorio así como el cerebro y la mente**. Nuestro adolescente debería tenerlos sanísimos.

Que **la rabia tiene como antena el olfato** y como estructura garantizando la Justicia, al Vitalizador, y que **rige el hígado, la vesícula biliar y el sistema digestivo total**. Aquí se trata de que nuestro joven acceda a la salud integral de dicho sistema.

Que **el orgullo tiene como antena el gusto** y como estructura de creación y crecimiento, al Transformador y que **rige las glándulas parótidas, el sistema óseo, las cuerdas vocales y el peso corporal**.

Que **el amor tiene como antena la vista** y como estructura de pertenencia al Protector y que **rige la hipófisis, los pulmones, el corazón y los ojos**.

Que **la alegría tiene como antena al sexo** –sí, este es un sentido y no un *mix-pot* donde todo se mezcla y nada rige- y como estructura de plenitud, al Orientador y que **rige las glándulas sexuales, el aparato reproductor, el páncreas, la psique y el sentido de orientación**.

He de señalar que, cuando un sentido falla, nuestro cuerpo se desequilibra y que una función vital correspondiente pasa a convertirse en obsesión, en necesidad nunca cubierta, en frustración y en desequilibrio de todas las demás funciones.

Como ves, todo este prodigio está en nuestro cuerpo y lo rige, transformándolo también en una gran caja de resonancia que lo capta todo y que es apto para reaccionar ante todo. Haciendo carne lo que sí es sano y expulsando lo que no lo es. Cuando somos niños, nuestro cuerpo es una promesa, ni siquiera tiene forma definitiva. En la adolescencia está en plenos cambios constantes. Y es sólo en la juventud que florece y se muestra en su forma perfecta y definitiva, que se irá desgastando con el paso del tiempo. Y es en esta edad -la juventud- en que debemos acceder al conocimiento y manejo de su funcionamiento que nos garantizará la salud integral.

¿Entiendes, Hombre, por qué el cuerpo encierra los secretos de la salud integral y no sólo física? ¿Y qué me puedes contar de tu juventud tan cercana y de tu pasada sapiencia en estos aspectos? ¿Cómo fue tu juventud y cómo debería haber sido?

Hombre: Vaya, vaya, Mujer, así como quien no quiere la cosa, nos cuentas un portento de descubrimiento, ni más ni menos que la *ingeniería emocional y sensorial del ser humano*. Me parece fascinante. Como ingeniero industrial especializado en electrónica y automática, siempre me interesó el funcionamiento de los automatismos, de las máquinas, cada vez más sofisticadas, más precisas, más autónomas. Y **poder ver al ser humano como la obra de ingeniería más sofisticada, precisa y perfecta que pueda imaginarse** me produce, desde que te conozco y conozco el MAT, unas sensaciones de vida, de energía, de vitalidad y de respeto inmensas. Pero, dejando para más adelante la enorme admiración que te profeso, la maravilla de tu descubrimiento es que, a la vez que abre universos enteros para la salud, la medicina, las ciencias puras o las ciencias sociales, es aplicable aquí y ahora. De manera inmediata y sin sesudos conocimientos. Instantáneamente. Una vez conozco cómo funciona el ser humano, cómo funciono yo, soy capaz de realizar las acciones concretas encaminadas a mejorar o restaurar mi salud integral. ¿No es eso Vitalizador en estado puro, compañera Mujer?

AQUÍ y AHORA, el presente más rabioso –en el doble sentido de la palabra ;-) - sólo puede ser aprehendido con la rabia, desde **el Vitalizador, que conecta nuestros seis sentidos con la realidad interior y exterior en tiempo real y reparte hacia cada estructura lo que le corresponde, asignándole la emoción propia.** Entiendo entonces, Mujer, por qué el cuerpo encierra los secretos de la salud integral y no sólo física, pues si ese reparto o asignación de funciones falla, por exceso, por defecto, o por equivocación en el destinatario, se producirán muchos de los males que consideramos a día de hoy psíquicos, ¿no es cierto? Si nuestro cuerpo, nuestro Vitalizador, por ejemplo, ante la pérdida de un ser querido, asigna un exceso de tristeza a la estructura Sintetizador, y nos hace estar en exceso tristes durante demasiado tiempo, se producirá una depresión clínica. Si por defecto, es decir, muy poca o nada tristeza enviada a nuestro Sintetizador, ante la misma pérdida, se producirán comportamientos con falta de empatía e insensibilidad, incluso llegando a producir un trastorno antisocial y psicopático. Si, ante la misma pérdida, nuestro Vitalizador en lugar de repartir hacia el Sintentizador y la tristeza, se asigna él la acción y procede con la rabia, estaremos ante un comportamiento revanchista, amargo, resentido, que puede acabar produciendo trastornos paranoides de la personalidad, cuando es repetitivo.

Y respecto a mi juventud, Mujer, ¿qué te voy a contar? ;-) Me sonrío por no llorar, pues tu frase de "el sueño máximo de un ya no adolescente pero aún no joven no sería el pisito, la noviecita, el cochecito y todas las demás ataduras de la sociedad de consumo en la que, por cierto, él es el mayor producto de consumo con fecha de caducidad." se adapta cual guante a mi arranque en esta fase de la vida. Te cuento rápidamente para no aburrirte:

A los dieciocho comencé la carrera de ingeniería industrial sin demasiado entusiasmo, más por hacer lo mismo que hizo mi padre que por otra cosa y porque me decían que tenía muy buenas salidas. A lo largo de seis años, que es lo que por aquél entonces duraba la carrera, me dediqué a estudiar y a sacar brillantes notas. En el primer curso conocí a la que luego sería mi mujer, y fuimos "noviecitos" durante ¡nueve años! Los que tardamos no sólo en acabar la carrera sino también en ahorrar lo suficiente como para comprar el "pisito". Claro, por aquello de abrir horizontes y explorar círculos ignotos, me hice novio de una de las sólo cinco chicas que estudiaban primero de carrera junto con doscientos chicos. Original y atrevido tu amigo, ¿verdad?

Durante los años de carrera me dedicaba a estudiar materias que no me interesaban un pimiento con títulos tan evocadores como "Calor y frío industrial", "Estructuras de hormigón" o "Circuitos analógicos", a salir de paseo con mi novia, y a beber bastante durante los fines de semana, vacaciones y fiestas de guardar. Mis intereses culturales y espirituales eran más bien vagos. Leí mucho y practiqué durante muchos años Zen. Hacía deporte más como una obligación que como un placer.

Antes de acabar la carrera, hice las milicias universitarias, porque era lo que se esperaba de un buen chico estudiante y responsable. Fueron seis meses de infierno físico y mental y luego seis meses de agradable rutina militar como alférez de complemento. En este punto he de confesarte algo inconfesable: ¡me leía a diario todos los periódicos deportivos! Era la única manera de poder mantener algún tipo de intercambio de información con las personas que me rodeaban. Me aprendí de memoria las alineaciones de todos los equipos de fútbol y opinaba, con vehemencia impostada, sobre tal o cual decisión de un entrenador. Entre tanto, fui a un concurso de televisión y gané el "cochecito"!

Acabada la carrera había que buscar un trabajo bien remunerado, de futuro, a la altura que se esperaba de mí, así que ni corto ni perezoso me presenté a las pruebas de acceso de la más importante firma de auditoría que existía por entonces y me seleccionaron. Mi capacidad de adaptación, camuflaje y amplísimas tragaderas se vio desbordada cuando, como en un rayo de luz, en un momento de inspiración, vi que mi futuro no estaba llamado a seguir la senda de los apuntes contables. Así que, como esa misma firma de auditoría tenía una prima-hermana de consultoría, decidí cambiarme, así, sin más, como un valiente...

A los pocos años me casé y salí de casa de mis padres. Andaba ya por la respetable edad de veintisiete añitos. Ganaba ya un dinero considerable, tenía casa, tenía mujer y tenía dos coches.

El sueño consumista era mi realidad absoluta. ¡Lo había conseguido! Pero claro, no era para tanto, e interiormente lo sabía. ¿Qué narices pintaba yo allí?

Buscando qué pintar deduje que lo que necesitaba para acabar el cuadro era un hijo, ¡claro! Y lo tuvimos pocos años después. Mi hija no resolvió el misterio, pero la verdad es que me dio -y me da- enormes satisfacciones, sobre todo la de vivir el rol de padre, que me gusta mucho.

Mientras tanto, en el terreno profesional, y dentro de grandes organizaciones internacionales de consultoría, veía cómo muchos compañeros pasaban misteriosamente de "jóvenes promesas" a "viejas glorias", sin solución de continuidad, sin la gloria en sí. ¿Dónde estaba el truco? ¿Cuál era la gracia de todo aquello?

Tuve entonces la gran oportunidad de hacerme empresario con nuestro común y querido amigo Juanma. Ya rondaba los treinta y tres. Fueron unos años de ilusión y de planes de futuro, de juventud profesional más o menos bien vivida. Con ganas de hacer las cosas de forma diferente y con éxitos razonables. PERO, algo me seguía faltando, en esa idílica "casita de la pradera" faltaban ingredientes, personajes, aventuras, acción, trascendencia... Me estuve planteando estudiar las carreras de psicología y de filosofía, a ver si daba con la clave. Y en estas, te conocí, Mujer guapa. Y conocí el MAT. Y me maravilló. Y lo estudié con fruición. Y lo apliqué. ¡Salvado por la campana! A los treinta y muchos, supe, gracias a ti, gracias a tus descubrimientos, que en mi vida no faltaban ni ingredientes, ni personajes, ni aventuras, ni acción, ni trascendencia... ¡Faltaba yo! ¡Faltaba mi ser! ¡Que me tenía exiliado, ninguneado, preso! Y ahí empezó mi verdadera juventud. No, miento, ¡¡ahí empezó mi verdadera vida!! Y desde entonces, no paro de aprender a vivir, de aprender a tropezarme y a levantarme, de aprender a ser, porque, ¿qué otra cosa somos si no somos, querida? Y lo más chulo es percibir que siempre estoy al principio, y que siempre queda todo por andar. GRACIAS.

¿Y cómo debería haber sido mi juventud? Si te parece bien, amiga Mujer, te respondo a esta pregunta cuando me acabes de contar la **CORPORALIDAD**, ¿trato hecho?

Mujer: ¡Trato hecho! ¡Ah ... la corporalidad! Hay ríos de tinta escritos sobre este tema, pero por lo general trata de ejercitar el cuerpo y de cómo alimentarlo y llevarlo a Pilates. También se recomienda nutrirlo macrobióticamente y hacer yoga. Yo no me refiero a eso y aunque reconozco que cada uno es libre de llevarlo a Pilates o de contratar un coach personal para entrenarlo en ejercicios físicos, así como de saquear el almacén del naturista y herbolario para nutrirlo de semillas y de cáscaras de cereales, **me refiero a la UNIÓN Y FUSIÓN con el cuerpo**. No estoy de acuerdo con los que dicen "Eres tu cuerpo", pues el cuerpo es tan sólo la sexta parte de lo que somos integralmente. El cuerpo está regido por una sola emoción, la rabia auténtica y dirige una sola estructura: el Vitalizador, cuyas capacidades veremos más adelante en este mismo capítulo. **No eres tu cuerpo, sino que en lo ideal, tu cuerpo evidencia CÓMO eres integralmente.**

Nuestro cuerpo es una caja de resonancia que percibe, digiere, reacciona animalmente, instintivamente, a los estímulos de nuestro entorno y nos permite reaccionar ante él. **El cuerpo es la parte física donde lo emocional, lo ético, lo moral, lo mental, lo espiritual, lo social, se hacen carne, se hacen física y química orgánica** y, por ello, mientras todos los pensadores elevados lo muestran como el lastre, lo que nos impide elevarnos, yo empleo la palabra "sagrado" únicamente para el cuerpo, pues lo defino como **la materialización de lo sagrado.** Eso es Corporalidad.

Voy a intentar formularlo de manera sencilla porque es algo muy complejo. De hecho, hay una progresión en la fusión y unión que podamos tener con nuestro cuerpo. Digamos que **hay básicamente tres estadios ascendentes.**

El nivel básico sería la **salud física del cuerpo**. Es el nivel de pura **Justicia materializada.** Para ello, se necesita estar en contacto con nuestras emociones, con esa ingeniería que ya te comenté antes. Entonces nos daremos cuenta de que nuestro cuerpo es sobre todo una caja de resonancia a las verdades de cada momento. A nuestra verdad interior sobre todo, y a nuestra reacción emocional ante verdades del entorno. Así, podremos percibir que nos duele la cabeza o el estómago cuando tenemos rabia inexpresada, que tosemos cuando sentimos amor en vez de miedo, que estamos estreñidos cuando sentimos miedo en vez de rabia, que nos da taquicardia cuando tememos ser rechazados e ignorados por la insensibilidad ajena, que sentimos arritmias cuando algo que debería fluir y aportar felicidad, es esterilizado y desatendido por egoísmo y vanidad, que sentimos insomnio cuando nos están haciendo responsables de sentimientos negativos ajenos, y de este modo, **podremos tener un sistema de alerta, que es en realidad un indicador, un testigo, una materialización del nivel de verdad que aceptamos o rechazamos para privilegiar el ego propio, o peor, el de los demás, sobre nuestro propio ser y sobre el ser puro y auténtico del otro**. Nuestro cuerpo nos alerta sobre cualquier mentira, engaño, manipulación que nos estén haciendo, y sobre todo, que nos estemos haciendo. Podemos intentar engañarnos, pero nuestro cuerpo se va a la guerra contra agentes patógenos a quien hemos abierto la puerta nosotros mismos. Y nos dice: "¡Así no! .. no me trago esa mentira, sácala de mí" y si no lo haces, te ataca si falta hiciere, y te enferma, para que rectifiques y vuelvas a la salud, es decir a dejar entrar sólo la verdad y sacar de ti la mentira. Bueno, tú ya sabes, Hombre, existe un libro sobre mis descubrimientos en salud y sería interminable intentar siquiera resumirlo aquí[12]. En todo caso, ese nivel básico es el que todos mis estudiantes alcanzan y llegan a situarse en la salud física, que no integral. Te consta que todos están pletóricos de salud y te consta cuántas enfermedades graves hemos erradicado con ese simple conocimiento. El nivel uno es fácil de alcanzar, aunque en nuestro planeta y por ahora, parezca un sueño lejano. Te consta que **si nos dejaran manejar el 1% del presupuesto invertido en investigación de enfermedades, podríamos erradicar el menos el 40% de ellas**. ¿Nos escucharán? ¿Nos darán tan siquiera la oportunidad de demostrarlo? Lo ignoro. Dependerá de si el mundo desea o no erradicar mentiras y acceder a **valores** bio-humanistas.

El segundo nivel, más elevado, es lo que llamo **Corporalidad**. Aquí se trata de elevar el nivel animal, instintivo, puramente físico, a la encarnación de la **Pasión**, definida como **la imposibilidad de no entregarse al amor por lo bueno,** por la bondad bajo todas sus formas. Es por aquí donde estás tú, por ejemplo y espero que puedas explicarlo y dar testimonio de ello. A veces,

---

[12] N.E. La autora se refiere al libro "Librarse de las enfermedades y de paso, aterrizar en la sensatez", de Preciada Azancot. ISBN: 9788493887803.

para los testarudos y gallitos, es necesario pasar por una enfermedad grave para optar por esa opción de moral inteligente; a veces es el producto de la mera intensidad y autenticidad, así como coherencia, de la pasión que cada cual elija y asuma radicalmente.

Cuando somos capaces de asumir con coherencia y encantamiento nuestro nivel de pasión, nuestra naturaleza apasionada, y pasar a **convertir nuestra carne en receptáculo y emisor de la Bondad y de la Benevolencia, nuestro cuerpo ya deja de ser una mera caja de resonancia para convertirse en nuestro Mentor y en nuestro Socio.** Sólo se abre a lo bueno, y si éste no está disponible, lo fabrica adentro para ser un ser completo y autónomo que se da a lo mejor de su entorno. Por eso, a veces engorda. Por ejemplo, Buda, que comía semillas y pocas, se representa esférico, pues son personas que se entregan esféricamente y a quien les duele infinito tener que cerrar las partes y áreas que los demás no quieren recibir ni compartir. Pero, contrariamente a la fofa grasa antiestética, el cuerpo de ese tipo de personas es armónico, bello, acolchadito, sugiere lo que es: un hogar de acogida para lo bueno de cada persona. Es algo así como la representación de los pueblos primitivos que esculpen en piedra, tierra o arcilla a la diosa tierra, a la diosa madre, a la bonaza y a la fertilidad, pero no hecha piedra, sino carne durita, disponible y ágil.

El tercer estadio es ya mucho más elevado, y lo llamo **Astralidad, que defino como "Lo siempre presente".** Es, no sólo la armónica fusión del yo integral -y sobre todo espiritual- depurado y limpio, sino sobre todo, la encarnación de lo **Infinito** imparable, lanzado como flecha que capta y revela verdad suprema, del entorno y al entorno, y lo hace carne. Así, y sólo así se puede evidenciar que el cielo está TAMBIÉN en esta tierra, que está en nuestro alcance crear un **Cielo de andar por casa**, y que está en nuestras manos aportarlo aquí y ahora: sencillo, cercano, perceptible por animales, bebés y humanos puros, para la alegría y serenidad de todos. En ese estadio se puede hablar de Inmanencia, Astralidad y Ubicuidad visibles, perceptibles en un cuerpo humano. La carne, cuando se hace astral, se llena de burbujitas de champan acolchadas y mullidas, festivas; la persona se puede transportar espiritualmente para conocer y acompañar, consolar, aliviar a seres queridos, y sobre todo **la Ubicuidad permite recibir en sí la esencia del otro, amarla y conocerla, así como sacar del otro los sufrimientos inmerecidos que lo afligen y compartir sus dolores.** No me extenderé más sobre este aspecto, ya sabes que no me gusta hablar de temas elevados cuando no viene al caso. Pero si quieres, podemos consignar lo que escribí para retratar la Astralidad en mi <u>Filosofía del Arco Iris</u>, porque creo que viene a cuento. Pero si no lo estimas así, lo sacamos:

"Astralidad:

- **Cuerpo**: *"Lo siempre presente". Es la función trascendente de la justicia y de la corporalidad porque no hay escape ni escondite posible para la mentira frente a la presencia del Creador en toda su creación, ya que está en toda ella sin excepción. Accederás a la Astralidad cuando todo te acuse y te quiera erradicar hasta en el recuerdo de tu existencia e invierta todas tus verdades en mentiras y que tu ecuanimidad abogue por la presencia eterna de la recta conciencia en el otro que le impondrá justicia aún más radical de lo que nadie pueda concebir. Entonces nunca habrá negaciones para ti, ni desaparición posible, porque te habrás materializado en la finalidad de la certeza del otro. Esta es la única esencia posible de la Ubicuidad.*

- **Mente**. *Vivirás en la Astralidad porque, claro sobre tus juicios, denunciarás toda trampa de espejos deformantes, imposibilitando la proyección, y, con ella la idolatría, el secuestro y la usurpación y crearás cultura viva, vitalidad y salud solidaria con los mejores que liderarán el cambio pacífico de los que desean estar vivos, entre los cuales reinarás. Así estarás presente en la unanimidad que crecerá con todo aquél que no milite por descolgarse.*

225

- **Espíritu**. *Reinarás en la Astralidad para que lo que de verdad se entregue, esté vivo en el alma de todo aquél que respire en libertad. Para ello abrazarás la rabia y sólo a ella, separándote de la justicia, de la corporalidad y hasta de la Astralidad misma, toda vez que esté en juego la posibilidad de humillar la expresión de lo justo, esté como esté. Así, tu corona se hará espada de luz de todo aquél que denuncie la intención de sacrificar en tu nombre. Entonces cuajarás en su valor y él se hará astro en tu corona."*

Hombre: ¡Guau! No pensaba yo que el cuerpo, nuestro cuerpo, pudiese tener ese recorrido tan apasionante. Por mi experiencia, constato que tan sólo sabiendo cómo acceder al nivel básico que describes, el de salud física del cuerpo, damos un paso de gigante en la prevención y curación de enfermedades físicas. Y no sólo eso, sino también en la prevención de enfermedades de la psique.

Me consta cómo funciona este nivel básico, y me consta muy bien, pues no en vano pasé hace unos años por una pancreatitis aguda gravísima de la que hoy, afortunadamente y gracias a tu ayuda y a aplicar tus descubrimientos, ninguno de los médicos que me ha revisado encontró ni rastro. Y eso que había colecciones de líquido pancreático de más de once centímetros campando por sus respetos por los intersticios de mi cuerpo...

Aunque quizás esta enfermedad me ocurrió en el segundo nivel que describes, por testarudo y gallito… Pero no adelantemos acontecimientos; la remisión completa o la mejoría notable de enfermedades comunes como la gripe, la jaqueca, los malestares intestinales, la torticolis, o los calambres musculares, por poner algunos ejemplos, lo vivimos a diario entre las personas formadas al MAT. Con la conveniente formación y el necesario entrenamiento, toda persona es capaz de alcanzar ese nivel básico de salud corporal. Y no digamos ya si tuviéramos médicos y personal sanitario formados al MAT, que aplicasen los descubrimientos que realizaste tras más dos años de dedicación completa en el Hospital Universitario de La Princesa de Madrid: Tratamientos coadyuvantes súper eficaces para la prevención y el tratamiento del cáncer, de las enfermedades neurológicas, de las enfermedades cardiacas, de las enfermedades neumológicas o de las enfermedades endocrinas estarían a la orden del día y no como meras quimeras… ¿Cómo hacer de esto una realidad? ¡Pues en ello estamos!

El no llegar a considerar al cuerpo ni siquiera desde este primer nivel, nos hace tratarlo casi como a un enemigo al que hay que torturar para que esté a nuestro gusto, torturar con horas de gimnasio, de carrera, de Pilates, de extrañísimos y poco recomendados regímenes alimenticios y potingues varios para que se acerque a un ideal que ni somos nosotros ni nunca llegaremos a ser, no por inalcanzable, sino por estúpidamente inexistente más que como arquetipo idolátrico de la sociedad actual. Y si no lo torturamos, le exigimos salud y lo despreciamos si no nos la brinda, como si fuese algo ajeno a nuestro ser. Y si ya es perfecto en cuanto a forma, tono y salud, nos olvidamos de él y lo ignoramos hasta el siguiente achaque o visión distorsionada en el espejo, cuando no caemos en el extremo opuesto del narcisismo físico… Creo que debería haber una asignatura obligatoria en todos los colegios sobre salud corporal que tratara todos estos temas, de mucho más calado y mucho más necesarios que el aprenderse de memoria las partes del cuerpo humano o el hacer tablas de ejercicios. Esto me recuerda al chiste:

> *"La profesora en el colegio dice:*
> *- A ver, tú Antonio, dime 3 partes del cuerpo humano que empiecen por la letra c, y dice el niño:*
> *- Cabeza, corazón y cuello.*
> *La profesora dice:*
> *- Muy bien Antonio. A ver, tú, Joselito, dime 3 partes del cuerpo humano que empiecen por la letra p, y el niño dice:*
> *- Pues, pierna, páncreas y pulmón.*
> *Entonces la profesora dice:*
> *- Muy bien, Joselito. Veamos tú Jaimito dime 3 partes del cuerpo humano que empiecen por la letra z y dice el niño:*
> *- ¿Por la letra z?, ahora mismo se lo digo: Las zejas, los zojos y las zuñas."*

Más ingeniería y menos memorismo en el ámbito educativo, nos evitarían muchos problemas, ¿no crees, Mujer?

El segundo nivel, el de Corporalidad –preciosamente definido por ti como encarnación de la Pasión, y ésta como la imposibilidad de no entregarse al amor a lo bueno-, creo que es percibido por los demás en las personas que lo manifiestan como la sensación, primero, de conocer a esa persona desde siempre, aunque la acaben de conocer, y segundo, de que disfruta de una lozanía y frescura en su estar diferente del resto de personas en su franja de edad. Te cuento una anécdota a este respecto que, he de confesarte, me hizo gracia e ilusión a partes iguales: La hija adolescente de una amiga común me conocía sólo de oídas. Cuando me vio hace unos días, le dijo a su madre: "¡Anda! ¡Si yo creía que Antonio era un señor y resulta que es joven y guapo!"… Y no sabes lo ancho que me quedé!

En este segundo nivel, el alejamiento de tu ser provoca estropicios en tu salud, directamente proporcionales a la gravedad de dicho alejamiento. Por eso creo que dices muy bien cuando apuntas que el cuerpo se convierte en tu Mentor y en tu Socio. Ni se te ocurra hacer (te) trampas (que son trampas igual de tontas que las trampas al solitario), o pensar que puedes, apostar por tu ser y vivir en tu pasión y a la vez, apostar por mantener tus taras o zonas enfermas, porque el cuerpo reaccionará con virulencia. En mi caso, el creer posible compatibilizar mi pasión con mantener ciertos comportamientos machistas simbiótico-sacrificatorios, me puso al borde de la muerte hace escasos meses. Y lo superé gracias a ti, querida Mujer. Esto que cuento puede parecer muy duro o puede parecer que no merece la pena o que es exagerado. Todo lo contrario; **nuestro cuerpo se**

convierte así en el mejor y más fiel guardián de nuestros más valiosos tesoros, de nuestro ser. Y lo que hace para ello es pelearse con nuestro EGO, a muerte si es necesario, pues como decíamos anteriormente, el EGO pretende acabar con el ser, y si el ser desaparece, si dejamos de ser, ¿qué somos? Nada.

Y como bien apuntas, algunos podemos llegar aquí tras pasar por una enfermedad grave -algunos que somos testarudos y, o, gallitos-. De tipología Constructora y Tauro con ascendiente Tauro, algo testarudo sí que soy, sí. Porque mi pancreatitis fue la que me llevó a ello. El constatar, gracias a tu ayuda, que se debió en gran medida a sentir falsa alegría en vez de auténtico orgullo, me recolocó y me hizo tomar conciencia de la potencia benefactora de mi cuerpo. Desde entonces me fio de lo que me dice a pies juntillas.

Enlazo este caso con el tercer estadio que llamas Astralidad, pues me consta que has sufrido dolores ajenos, míos sin ir más lejos, como forma de aliviar al otro.

Y claro, esto de la Astralidad es difícil de entender o de explicar por mí, por lo extraordinario del caso. Lo que sí puedo decir en este punto es que tú estás por ahí si no más avanzada, pues además de lo dicho, desde siempre, el estar contigo conecta lo mejor de cada persona, lo más bonito de cada uno incluso a pesar de las rabietas del EGO de cada cual. Es una preciosa

obra en dos actos: Acto primero: Escena primera: Egos subleva-
dos y enrabietados y seres apocados y arrinconados. Escena
segunda: Apareces y los seres están encantados, libres y felices.
Acto segundo: Escena primera: Los egos, aburridos de que no
se les haga caso, se acaban yendo por la puerta falsa. Escena
segunda: todos habitan en un **Cielo de anda por casa**. Doy fe
de ello, pues así es siempre cuando estoy contigo.

Por cierto, siempre que leo tu Filosofía del Arco Iris[13] me emo-
ciono enormemente, querida Mujer. Gracias por recordarme este
pasaje.

Mujer: Gracias a ti, Hombre amigo, por existir y por demos-
trarme día a día que mi enorme fe en la raza humana está más
que fundamentada.

Y sí, de la corporalidad, o mejor dicho, desde la corporalidad,
podemos verificar que la salud integral proviene de algo inmen-
samente importante: el MODO de vida, es decir el CÓMO
conduces ésta. Así descubrimos que el cómo –recuerda, el "¡así
sí!" que ha de venir inmediatamente tras el "así no" de la denun-
cia- nos sirve para algo aún más vital que el de cuidarnos la
salud: el tener, despejar, carnalizar VALORES, o dicho de otro
modo, tener cultura social. Y esto también es función del Vitali-

---

[13] N.E. Contenida en el libro de Preciada Azancot "El libro de tu plenitud o
cómo instalarse en la alegría", ISBN: 9788461139934.

zador y de la rabia. Esta es la máxima aspiración biológica de la juventud sana.

Habrás observado que **el MODO, el cómo requerido para tener salud y disfrutar de la corporalidad en sus tres escalas, presupone VALORES**. Pues para estar en contacto con la veracidad de las emociones se requiere autenticidad, valor, coherencia, honestidad, compasión, flexibilidad, decisión, elevación, respeto, humildad, solidaridad. ¿Te has fijado que con tan sólo pronunciar estos valores el cuerpo entero se moviliza, actúa, se te mueve interiormente y te propulsa hacia adelante? No puede haber quietud e inmovilismo en ti si percibes, sientes, carnalizas estas palabras. Hay movimiento, hay vida que se despierta en ti, hay un cuadrarse como en un ejército que dice "¡presente!", y se pone en marcha. **Eso es la función auténtica de la rabia auténtica, la de despejar valores, valores sanos, lozanos, que nos den energía e impulso para movernos.**

Y el cómo, aquí es muy sencillo: vemos una injusticia, una mentira, una agresión, una manipulación y, como estamos ya acostumbrados a analizar y a pensar a fondo, honesta y limpiamente, detectamos la mentira, la injusticia, la manipulación que permitió dicha situación ante la cual reaccionamos y que queremos cambiar. Y entonces **al tirar de ella para arrancarla, erradicarla, encontramos su RAÍZ y la sacamos. ¿Y qué vemos entonces? Un valor rancio, injusto, inoperante,**

enfermante, que hay que arrancar de cuajo y remplazar por otro saludable.

De la confusión -mentira suprema en suma- que consiste en esa inversión de los valores sociales que confieren a la juventud la bandera del orgullo falso, sale otra mentira: la de creer que los valores, la cultura en suma, son capacidades y funciones del orgullo. Y eso es falso, obviamente, porque tú no creas, no imaginas ni produces un valor. Un valor no es una obra tuya, personal, sobre el cual puedes tener una patente y derechos de propiedad intelectual. Un valor es como el producto de una mutación natural, biológica, es como una especie nueva de planta que surge cuando tu cuerpo erradicó y desechó una mala hierba y dejó limpio el surco donde cayó una gota de tu sudor, de tu indignación, de tu clamor que grita por alimentarse de algo mejor para sentirse más sano, más energetizado y más fuerte. Es una radicalización, una tensión de impulso, un estrujar el valor anterior aspirando a mayor salud, mayor justicia; entonces sale, surge, otro valor mejor, más adaptado a conferir salud y vitalidad al cuerpo físico y social.

Y esta es otra: si bien el miedo y la tristeza, así como sus funciones, requieren de lo personal, de lo individual, **la justicia y los valores que la sustentan, nos abocan a lo social, rigen lo social.** ¿Lo ves? A medida que vamos avanzando en la escala natural, biológica, de las emociones, vamos preparándonos y necesitando la fusión con lo otro, con lo social primero y esta preparación orgánica para la fusión total irá a más. Inacabablemente. De allí, la Astralidad que ahora sí creo que entenderás mejor.

Como verás, en la infancia nos hemos preparado para la integridad, en la adolescencia para la comunicación con lo ajeno, y en la juventud surge entonces la posibilidad de prepararnos con lo otro organizado, es decir, con lo social. Pues lo social es un cuerpo grande. Es un "otro" aún burdo, pero indispensable para ir refinando luego nuestra capacidad de fusión no simbiótica con lo OTRO, con el TÚ ontológico.

Sí, no hay justicia posible sin sociedad organizada. No se puede pronunciar el "así no… así sí" sin lo social. Es para traer, garantizar, conquistar más justicia que nos abocamos a desenterrar valores mejores, a ser más cultos. Y es para ser aún más cultos, es decir más perceptiblemente civilizados, que nos abocamos a radicalizar y a extraer valores más ecuánimes. **Pues la máxima aspiración de la guerra contra la mentira es la de llegar a la unanimidad.** Parece paradójico y antinómico, pero no lo es, pues ¿de qué cultura hablaríamos si el objetivo de la lucha por implantar mejores valores sólo tuviera como objetivo codificar las relaciones de fuerza de los más poderosos sobre los más débiles? ¿No es esto acaso la definición misma de la injusticia? ¿No es esto acaso justamente la mayor causa de rabia?

¿Qué te parece, Hombre, si ilustraras y mejoraras estas pincela-
das con algún ejemplo personal de tu juventud tan próxima?
¿Algo que fue y que hubiera ido de otro modo si nuestra sociedad propugnara el dar a cada edad lo que necesita de verdad,
biológicamente? Así, de paso me respondes a una pregunta que
quedó en el tintero: ¿cómo hubiera debido ser tu juventud?

Hombre: ¡"*Maspillao*"! ;-) Bueno, pues allá vamos. Y para empezar, tomaría tu propuesta de *Servicio de Culturización en
Relatividad*. Viajar y conocer al ser humano lo más integralmente
posible, las distintas culturas, los distintos valores, los distintos
MODOS de hacer las cosas y de resolver las cosas. Y también
conocer nuestro planeta, conocer el lugar donde vivimos y tomar
la dimensión exacta del ser humano en este mundo, pues entiendo que los cómos vienen, además de por lo social, por el
ecosistema en el que se desenvuelve. Casualmente, el otro día
veía un programa sobre las aventuras de Tintín, donde se decía
que uno de los personajes de "Los cigarros del faraón" está ins-
pirado en el artista, novelista, aventurero y marinero legendario
francés Henry de Monfreid (1879-1974). Es un personaje muy
inspirador para esos primeros años de juventud. El señor de
Monfreid se enfrentó a lo establecido, denunció la esclavitud y
las malas artes de los traficantes europeos y luchó siempre que
pudo al lado de los más débiles.

Si ese *Servicio de Culturización en Relatividad* estuviese institucionalizado, todos los jóvenes tendrían mayores horizontes, tendrían una amalgama de valores, culturas, y modos, a partir de la cual podrían destilar lo más suyo, lo que más los vitaliza y culturaliza, lo que les parece más justo. Y lo más suyo, "casualmente" como diría mi mejor amiga, o sea, tú, se alinearía con toda seguridad con los valores, cultura y modos destilados por otros jóvenes que hubiesen pasado por el mismo proceso, porque **los seres humanos sanos, puestos en la misma tesitura y en el mismo entorno, tienden a converger y no a divergir**. Creo que es por ahí por donde surge la unanimidad de la que me hablabas. Y la unanimidad vista de esta forma se produciría tanto en la detección y erradicación de valores trasnochados e inoperantes, como en la propuesta de nuevos valores más humanos, más vivos, más justos y más aterrizados en el aquí y el ahora. Entiendo también que esa convergencia, que acaba en unanimidad, se produce como sumas de puntos de vista distintos, donde cada cual ve en la aportación del otro un enriquecimiento a la propia.

Y he aquí el salto enorme entre lo habitual, lo establecido, lo que estamos denunciando que ocurre, y lo que estamos proponiendo: Cambiamos una "e" por una "i" y la movemos de sitio, pasando de jóvenes **alienados** a jóvenes **alineados**. Eso es como hubiera debido ser mi juventud; una vez pasado por el filtro de las experiencias y de las vivencias, poder hacer crisol de cultura con jóvenes con similares valores y similares modos de ver la vida. Fíjate que, según te escribo esto, me recorre un escalofrío interior de vida y de frescor. Eso debe ser por sentir lo que has denominado salud social. Porque claro, **de la salud del individuo surge la salud del grupo**, ¿no es así? Y de salud grupal surgen nuevos valores y nueva cultura.

Tengo una pregunta, Mujer, ¿es de los valores que surge a la vez la cultura y la justicia, o la justicia la consideramos como parte de la cultura?

Si mi juventud hubiese discurrido por estos cauces, probable-mente no habría estudiado para ingeniero industrial sino que habría estudiado algo más afín a mi talento y a mi vocación. Como bien sabes, me gusta mucho el análisis de situaciones, de problemas personales y grupales, y el intentar poner las cosas en orden, entendiendo esto por el orden natural de lo humano, por proponer, en justicia, lo mejor para todos.

Haber dedicado unos años a la lucha contra los valores estable-cidos que consideraba decrépitos, muertos o antinaturales hubiera sido otro capítulo de mi juventud. Y con más ganas, el haber dedicado unos cuantos más de años a colaborar en la creación de una nueva sociedad, más culta, más abierta, más tolerante, más humanista en suma.

Pero antes de nada, y aprovechando la transición de la niñez a la juventud, creo que me hubiese dedicado a aplicarme eso primero a mí mismo, intentando mandar a freír puñetas a las mentiras tragadas o asumidas y a las manipulaciones propias y ajenas... ¿Y tú, Mujer? Por lo que me has contado en alguna ocasión, tu juventud estuvo muy alineada con nuestras propuestas, ¿no es así?

Mujer: Sí, mi juventud, aunque tuve que luchar -en una época y en una sociedad regresivas- contra todos los tópicos establecidos sobre la mujer, sobre el matrimonio, sobre la maternidad, sobre la política, sobre la cultura y sobre la educación, resultó muy heroica y multicultural, en verdad. Necesitaría escribir una novela larga para resumirla. Así que sólo te diré que cuando se quiere, se puede y que yo quería. También he de confesar que esas luchas las libré más en nombre de la justicia social, de la denuncia de la mentira y de la explotación que en aras de un interés meramente personal. Aunque disfruté de ellas doblemente de aquella manera, una vez conquistados dichos valores en mí y en mi medio.

Respondiendo a tu pregunta, mi querido Hombre socio, te respondería que, a mi modo de ver, la justicia no es parte de la cultura, sino a la vez su raíz y su objetivo, pues viene de la dilución de todos los tópicos —que son todos, además de necios, mentirosos- y esta dilución cae directamente de la certeza de encontrar verdad, es decir, de la alegría y del espíritu que no quiere ni necesita del descanso del guerrero. Por eso, la justicia es la gran aspiración de cualquier sociedad que se pretenda civilizada. Pero que lo único que la puede hacer presente, viva, en permanente movimiento, es la rabia y su estructura innata, el Vitalizador alertado por el olfato.

Y, permíteme disentir de la creencia en que **la unanimidad y los valores más justos nacen de** la suma de puntos de vista actualizados, sino de la radicalización, de buscar la raíz de los asuntos, de desnudar la esencia de la indignación, pues lo primero, efectivamente, nos conduciría al alineamiento, es decir, a la obediencia a lo políticamente renovado, pero "correcto", mientras que lo segundo **nos coloca en el disparadero para saltar a la aceleración y depuración de la Evolución. Es la diferencia entre ser progresista -y hasta revolucionario- y ser virgen, primigenio, renovador y depurador de la Inocencia.** La justicia sería la Espada –incluyendo la de Excalibur- pero el brazo que la imparte, si hablamos de justica de verdad, sólo puede ser la del ángel, o mejor, la del Arcángel. Sólo ellos son hábiles y duchos en extraer todo lo podrido, lo no válido, sin tocar a una célula sana, sólo ellos son capaces de sacar lo malo, lo tóxico, lo renegado, sin causar sufrimiento alguno. Sólo gratitud y alivio. Pero ni los ángeles ni los arcángeles han de quedarse en la imaginaría celestial, pues en todo mamífero humano duerme uno de ellos, y sólo hay que despertarlo aquí y ahora.

Y eso me permite examinar el cómo lograr lo anterior, me permite contemplar ahora **una función básica de la cultura y de la rabia sana como medio para hacer justicia: el estilo de Liderazgo**, es decir el cómo del liderazgo. Pues si los adolescentes necesitan seguir y pensar, los jóvenes necesitan conducir su vida, liderarla. Sí, pero ¿has visto lo que ofrecen los modelos de liderazgo que se empeñan en enseñarnos en todos los MBA? ¿Y hay algo más sensato, posibilista y efectivo que nuestro modelo de **liderazgo basado sobre el talento y la vocación diferencial de cada persona**?

Hombre: Hola socia Mujer, ¡gracias por tu disentimiento! Me has subido el techo de lo que consideraba como posible mejor, así que feliz de contemplarlo con este nuevo enfoque. Lo que yo planteaba se queda en la superficie, en la táctica y en la coyuntura y lo que tú me propones tiene mucho más calado y mucha más trascendencia: se trata, según entiendo, de poner a funcionar en perfecto equipo la alegría y la rabia, lo que tú denominas el **eje de lo presente**[14], de manera que la certeza de encontrar más verdad nos lleve a la erradicación y dilución de lo no válido y ésta a más certezas y éstas a mayores diluciones. Y de ahí surge la unanimidad ante lo naturalmente cierto y correcto, desnudo de tópicos, arquetipos, ídolos y artificios.

---

[14] N.E. Ver "El esplendor de lo humano", ISBN 9788461311644. Capítulo 4, II. EL ACCESO AL ESPLENDOR: VIVENCIA DE LOS EJES AL SERVICIO DEL CENTRO.

Y claro, tu respuesta sobre la justicia y la cultura, me ha abierto los ojos. La clave es ir a la raíz y limpiar bien, función de la rabia. Limpio y virgen, surge cultura fresca y viva, que aspira a mayor limpieza y virginidad. Es así como funciona cualquier ser vivo cuando está vivo, ¿verdad? Porque si no funcionara así, existirían partes muertas, partes tóxicas en su interior que, a falta de limpieza, de expulsión, de reciclaje, o de dilución, lo acabarían llevando a la muerte. Para ilustrarlo, ¿sabías que el 90 % de los átomos del cuerpo humano, un año atrás, no estaban? ¿O que **el páncreas humano es capaz de regenerar todas sus células en tan sólo un día**? ¡Qué razón tienes cuando dices que la rabia es la responsable de la vitalidad, de la corporalidad!

Y de aquí, paso al sistema de liderazgo, por transición natural. ;-) Pues imagínate un cuerpo humano sin liderazgo, sin reparto de tareas, sin movilización. Imposible.

Los actuales MBAs ofrecen un modelo de liderazgo obsoleto y periclitado pues, si bien enseñan habilidades directivas, no se centran en la personalidad del directivo ni en la manera de detectar y maximizar sus potenciales individuales. Tampoco consideran la empresa como un ente con personalidad que necesite una cultura, un tipo de gestión y una estrategia visionaria que exalten su vocación real. Y mucho menos a un país.

Todos se centran en detectar y potenciar las habilidades, lo que tú denominas la competencia y que vimos en el capítulo dedicado al bebé y al niño. Y en crear el liderazgo alrededor de ella. Los MBAs más sofisticados y modernos, empiezan a buscar el talento como pieza clave para el liderazgo y, que yo sepa, ninguno ofrece un modelo de liderazgo basado también en la vocación de la persona. Me temo que aquí se produce una visión distorsionada de la realidad debida a la miopía imperante. Si la vocación personal, en lugar de verse como algo peligroso y casi brujo, se viese como lo que realmente es, la finalidad última de la persona y lo que realmente le hará tranquilamente feliz, nuestro modelo de liderazgo basado sobre el talento y la vocación diferencial de la persona no sólo sería visto como sensato, posibilista y efectivo, sino también como el más humanamente natural. Y así es.

Nuestro estudio de 25.000 dirigentes, cuyos resultados concuerdan con el estudio de 80.000 directivos de la Gallup[15], arroja que: tan solo el 2% de los encuestados utilizan el 80% de su energía potencial, que el 7% de ellos utilizan el 40% o menos de su energía instalada y que más del 68% de ellos utilizan 20% o menos de esa energía. Nosotros hemos encontrado la razón de tan bajo rendimiento: **tan sólo el 2% de los dirigentes utiliza el 80% o más de su energía porque su gestión reposa sobre la detección y recuperación de su vocación innata (muy diferente de la misión, surgida de la exaltación de la**

---

[15] Gallup es una empresa consultora que lleva más de 75 años estudiando la naturaleza y comportamiento humanos, especialista en líderes políticos y empresariales. Ver www.gallup.com.

competencia, exigencia del deber ser, y que todos creemos tener). Menos del 7% hace reposar su gestión sobre su talento innato. Y tan sólo el 15% hace reposar su gestión sobre su máxima Competencia innata. Lo que aporta el modelo de liderazgo MAT es que los alumnos aprenden a usar más del 80% de su potencial en un tiempo récord.

Con este modelo de liderazgo, los jóvenes pueden ubicar las competencias, los talentos y las vocaciones exclusivas de cada cual, y posibilitar una gestión integral de ellas en todos los campos de la dirección de organizaciones. Empezando por su vida privada y acabando en las empresas o en las administraciones públicas.

Lo que resulta tremendamente interesante de este modelo es que, una vez detectada la competencia, el talento y la vocación, su aplicación es inmediata y natural y su seguimiento, objetivo y visual. Me explico: el liderazgo MAT es una función del talento y de la vocación que se materializa en lo bien depurado de la competencia de cada cual.

Y además, es de aplicación tanto para las personas, como para las organizaciones que éstas forman -familias, empresas, países-. Pues como ya hemos comentado en más de una ocasión, las organizaciones humanas también tienen tipología de personalidad y por ende, competencia, talento y vocación. ¿Quisieras, Mujer, hablarme sobre el modelo de liderazgo aplicado a países? Con la que está cayendo, no nos vendría mal un poco de sensatez…

Mujer: Percibo claramente, Hombre, que estamos a un pasito -inevitable éste- de una auténtica **GUERRA DE VALORES a escala planetaria.** En realidad, esta guerra no habrá empezado con ánimo de confrontación, sino de debate auténtico y pacífico, por parte de la población. Empezó con el movimiento de

Indignados al cual tú y yo participamos con nuestro Manifiesto escrito a dos manos "*Sí, me indigno, ¡¿Y ahora qué?!*"[16]. Una preciosa experiencia para ambos. Tan bonita, que nos aficionamos a escribir a dúo, en forma de diálogo. Y ese movimiento, en vez de ser tomado en cuenta, acatado, alimentado por los que sustentan un poder hoy ilegítimo y sin ideas, fue ninguneado y descalificado por los que temen ser analizados o confrontados, pues nada tienen que responder para justificar, ni mucho menos explicar, el abuso de poder y la ineficacia que ha hundido al mundo en una crisis que no es tal, pues, como ya señalamos y demostramos, se trata hoy del hundimiento de una civilización que ya no da más de sí pero que desea retrasar, sabotear, hacer abortar, el surgimiento de **otra Civilización más acorde a la naturaleza y aspiraciones del ser humano, una civilización basada sobre un auténtico BIO-HUMANISMO que el MAT simboliza y podría idear, diseñar y ayudar a implantar, mejor que nada, sin verter una gota de sangre ni hacer una sola víctima, en paz y unanimidad.**

Pero me temo que el devenir será volcánico y hasta tomará aspectos de Tsunami. Pues, por un lado, los causantes y beneficiarios únicos del desastre actual se están aliando y dando cara, conformando –nada es casual- una estrella demoníaca, de cinco puntas e invertida: políticos, banqueros, multinacionales,

---

[16] N.E. "Sí me indigno, ¡¿Y ahora qué?!", Tulga3000 Editores, ISBN: 9788493887841.

iglesias y sectas de toda pelambre y funcionarios de organizaciones supranacionales que se sostienen y potencian mutuamente, lanzando cortinas de humo para confundir y desnortar al sufriente ciudadano amordazado y esquilmado. Unidas las siniestras cinco puntas por servicios trasnacionales de inteligencia y de espías con alma de sicarios. Y nada es de extrañar que esa estrella diabólica esté abanderada por los mismos que caen -otra vez y con el beneplácito de políticos, intermediarios culturales y banqueros- en la barbarie de la Cruz Gamada de ayer: Alemania y su manía de la superioridad demencial de su raza. La diferencia es que el chivo expiatorio de hoy ya no es el judío y el homosexual, sino el nuevo-empobrecido por los que gobiernan para esquilmarlo y luego considerarlo como un parásito, como una carga que gangrena la salud social.

Y por otro, y en lucha contra esa locura, tenemos fuerzas vivas conformadas por puentes generacionales y filosóficos con sangre actualizada, visionaria, auténticamente movidas por su aspiración a más justicia tal y como la estamos definiendo. Te daré como ejemplo el movimiento de mujeres de mineros asturianos, el TEM griego (moneda de trueque que permite sobrevivir con dignidad y sin moneda oficial en curso), los Yayoflautas (abuelos indignados que mantienen a toda su familia en paro, con sus míseras pensiones) y muchas más que surgirán inevitablemente, abanderando valores y causas justas que se reforzarán y se unirán por las meras ondas de los ecos que suscitarán, como cajas de resonancia, conformando poco a poco el CUERPO Social vivo, verdadero. **Pero nada duradero y potente será posible mientras no se les unan creadores e innovadores unidos en red y Consejos de Sabios improvisados conformados por los abuelos más preclaros que habrán logrado situarse en** el ecuador de la edad del Amor y de la Alegría verdaderas.

El puente filosófico está hoy planteado desde lo más innovador en ciencias y en arte, con los filósofos antiguos de la Grecia clásica, muy en especial Sócrates y Pitágoras. Nosotros hemos sido pioneros, pues la Escuela MAT de Dirigentes es de inspiración y de tradición socrática. Hablaremos de ello en el próximo paso, el del orgullo como necesidad y requisito del ser humano maduro.

Creo que estos movimientos surgirán preferentemente en países de tipología Reveladora como el nuestro, Estados Unidos, Grecia, Israel, Argelia, Méjico y países Reactivadores como Rusia, Holanda, Costa Rica, Venezuela y Bali. Y que serán frenados por países Constructores como Alemania, Bélgica, Canadá, pues por un lado se disocian más fácilmente en una era Reactivadora como la nuestra y, por otro tienen la rabia auténtica como vocación prohibida. En todo caso, las mujeres (y los hombres verdaderos que habrán conquistado y privilegiado su yo femenino), y muy especialmente las alianzas entre abuelas y nietas, aportarán lo más original y vital de estas fuerzas vivas. Y las

PYMEs innovadoras, organizadas en redes culturales activas y actualizadas, serán las organizaciones productivas con más futuro, sobre todo si adoptaran nuestro modelo de liderazgo personal, empresarial, nacional y trasnacional.

En efecto, nuestro modelo MAT de liderazgo nacional, basado sobre el muy fácil y evidente diagnóstico de personalidad MAT de cada país y el aún más fácil y automático paso dado al talento nacional en abscisa y a la vocación nacional en ordenada -que dejan la competencia como simple indicador y medidor de lo bien o mal seguido de esas claves evidentes y lógicas- puede, no sólo hacer reflotar de modo espectacular y duradero las productividades nacionales así como sus florecimientos culturales, sino constituir, también y sobre todo, el testimonio vivo del Bio-Humanismo del futuro. Y ser su locomotora de altísima velocidad.

Y como bien sabes, Hombre socio, con un fácil y rápido análisis MAT, se explican de modo muy sencillo y evidente lo que fueron vistos como "milagros" económicos nacionales, muy en especial el "milagro americano" que no fue sino la demostración de lo que es un país que apuesta sobre su talento (la tristeza con su trabajo de equipos multiculturales en este caso) y la vocación (el orgullo innovador sostenido y alentado) y el "milagro japonés" con su talento por la rabia (cultura holística y democrática de empresa para el caso) y su vocación (por la tristeza en este caso, con comunicación pensante y círculos de calidad). No hay más secretos, como ves. Son LEYES -y sólo se trata de aplicarlas-. Así de fácil. Lo que pasa es que el mundo actual, aún funciona en la secuencia invertida a dichas leyes, como ya estamos demostrando con creces, y ve las Leyes de lo humano como meras utopías infantiles a las cuales hay que oponer dogmas y tópicos, a más de tontos, tóxicos. ¿No crees?

¿Quieres saber qué temas serán los más tratados y debatidos en la inmediata futura Guerra de Valores? Pues están en el índice mismo del libro sobre justicia[17] que escribí hace ya ¿cuántos años, mi querido editor?

Hombre: Mujer, hace ya nueve años que lo escribiste, querida, y parece que fue ayer… ¡Vayamos al índice del libro, que auguro un muy provechoso buceo!

El libro, escrito en forma de panfletos, denuncias, manifiestos y debates, es el tercero en la andadura de seis personajes, cada uno de ellos con una de las tipologías de personalidad por ti descubiertas. Tras pasar por las aventuras de la seguridad y del desarrollo, los seis personajes se adentran en el mundo de la rabia, aspirando a alcanzar justicia. El índice del libro versa sobre los temas debatidos por los protagonistas. Tras cada tema, donde se proponen manifiestos, denuncias y panfletos, se organiza un debate, tras el cual logran unas conclusiones como

---

[17] N.E. "El libro de tu justicia o cómo erradicar la rabia", de Preciada Azancot, ISBN: 9788460986089.

equipo que, por el interés del tema tratado, me permito reproducir resumiendo:

Primer tema tratado: El significado mismo de la Justicia.

¿Qué es la justicia? ¿Cómo se podría definir la justicia de una manera que suscite unanimidad?

Tras debatir las **definiciones de justicia** que aparecen en los diccionarios, las causas reales de rabia, lo que es indignante, lo que debería ser la justicia, concluyen:

1º) Rechazar las definiciones vigentes de justicia, por confusionistas y resignadas, y adoptar como definición de la **justicia "garantía de poder desenvolverse libremente sin auténticos motivos de rabia"** pues la justicia, no es sólo un derecho, pues éste depende de la seguridad, o sea del miedo, sino una garantía, porque, de faltar, la rabia sería legítima. Así, la justicia implica libertad de movimientos, poder desenvolverse, basados estos derechos sobre el respeto de la seguridad (tal y como veíamos en el capítulo del bebé y niño), así como sobre el desarrollo —según acabamos de ver en el capítulo sobre el adolescente.

2º) Resumir cuáles son **los motivos de rabia auténtica**:

"Todo lo que parece ser y no es, todo lo que parece sincero y es mentira, todo lo que parece desnudo y se disfraza, todo lo que parece proteger y fragiliza, todo lo que pretende sanar y enferma, todo lo que parece añadir y despoja, todo lo que parece amar y simbiotiza, todo lo que pretende crear y manipula, todo lo que parece educar y brutaliza, todo lo que parece liberar y esclaviza, todo lo que parece acompañar y deja solo, todo lo que parece buscar al creador y lo profana, todo lo que parece adorar e idolatriza, es un engaño, y es motivo de rabia auténtica."

3º) Considerar que **un justo sería aquél que materializara esta definición adoptada en su vida diaria**, que supiera detectar lo injusto, es decir, las causas de rabia arriba mencionadas y que, **además, tuviera la energía de denunciar** dichas injusticias, proponiendo medidas justas tal y como lo muestran a continuación:

"Para empezar a recuperar lo que es tuyo (la verdad, la desnudez, la protección, la abundancia, la libertad, la reconstrucción, lo creador, el amor, la cultura viva, lo sagrado, es decir, tu imagen y semejanza con tu Creador), es necesario reaccionar y usar tu RABIA innata para denunciar, rechazar y erradicar la mentira y la manipulación, y así revitalizarte, reordenarte y establecer tu entereza sobre una JUSTICIA AUTÉNTICA. Entonces, y entonces nada más, podrás acceder al honroso estatus de llamarte humano. Entonces, y entonces nada más, podrás ser justo con los demás."

Segundo tema tratado: **Rabia destructiva vs. Rabia constructiva**

Este es un tema de tremenda actualidad, pues la frontera entre una manifestación, una protesta, una denuncia, y el vandalismo, la destrucción gratuita o el revanchismo no está nada clara. Además, en muchas manifestaciones y protestas se cuelan vándalos que no tienen otro objetivo que la violencia por la violencia. E incluso se ha llegado a decir que en algunas ocasiones, estos vándalos son enviados por los propios gobernantes para evitar que la opinión pública simpatice y apoye a los manifestantes...

En este capítulo, los protagonistas convienen en que **la rabia destructiva es una emoción falsa, mentirosa, un pataleo contra el orden verdadero que, las más veces, evidencia rechazo de la propia genialidad potencial descartada y envidia cuando se ve a ésta actuada por otros.**

Declaran que la rabia auténtica consiste en la siguiente definición:

"Rabia auténtica es la capacidad de percibir mentiras, engaños, injusticias, agresiones y manipulaciones y de reaccionar antes ellos, denunciándolos y proponiendo formas más veraces y justas".

Convienen también en que la rabia responde al cómo de las cosas, a su forma.

Y afirman que una rabia auténtica -subrayando el término "auténtica", expresada con "así no ... y así sí"- que llevara a implantar nuevas formas de una verdad y libertad mayores a las anteriores, o sea, justicia definida como "garantía de poder desenvolverse libremente, sin motivos de rabia", era ya estímulo apto para suscitar la unanimidad entre los que sienten rabia auténtica; pues la **falsa había de ser denunciada como agresión, no como rabia real ni fundamentada, y por lo tanto, no justificable, por destructiva**.

En cuanto al término unanimidad, lo definen partiendo de la definición del diccionario: "el conjunto de las personas que conviene en un mismo parecer, voluntad o sentimiento" siempre que esos sentimientos correspondan a emociones auténticas, no falsas. Es decir, si se consideran las definiciones de rabia, de justicia y de autenticidad anteriormente expuestas.

Tercer tema tratado: **La justicia, ¿es alcanzable?**

Este es también un tema muy peliagudo pues, desde que el hombre es hombre, la justicia ha sido impartida, por no decir impuesta, según la ley de la fuerza. Quiero decir, es el gobernante, el que detenta el poder, quien imparte justicia. Y poco importa si el gobernante ha sido elegido o no democráticamente. Creo que este no es el debate. El debate es si existe una justicia que unánimemente pueda considerarse como tal y si esa justicia es un ideal loco o un ideal alcanzable.

Y como debate dentro del anterior, si es antes la justicia social o la justicia individual.

Nuestros protagonistas sostienen que **la denuncia auténtica es constructiva** y que un "¡Así no!" que no fuera seguido de un inmediato "¡Así sí!" era puramente destructivo, luego falso y digno de rechazar con rabia.

También, que cada persona, dentro de su tipología, tiene rabia destructiva contra su propio talento cuando los demás lo actuaban, desconfianza y hasta temor de su vocación si la veía afirmar afuera, y que, por lo tanto, debían acordar que sostener esa sociedad basada sobre la inversión de la verdad y sobre el sometimiento propio y ajeno de lo más verídico, auténtico y valioso, era fomentar una sociedad injusta, deplorable y condenable.

Llegan a la conclusión de que privilegiar lo social sobre lo individual o lo individual sobre lo social, era una muestra de estar encerrado en una prisión tipológica, pues tres de las tipologías privilegian falsamente y míticamente lo social y las otras tres lo hacen con lo individual"

Aprueban el concepto de "unanimidad", como concitar la aprobación y respuesta de lo auténtico, no de lo falso. Y que si tan sólo el 2% de las personas conocen y asumen su talento y su voca-ción, sin confundir su competencia inflada con lo mejor de sí mismo, les interesaba la unanimidad de ese 2%, y más bien desconfiar de su sentido de la justicia si la mayoría numérica les vitoreara. Ahora bien, estaban convencidos de poder ofrecer a toda persona honesta y decidida a tirar más mentiras a la ba-sura, proporcionar explicaciones a su pasmo existencial, proporcionar un mejor auto conocimiento y valoración de los demás, acceder a una armonía y paz más altas, diseñar un sis-tema de desarrollo sin igual y, ahora, crear un mundo más justo del cual denunciarían mentiras y propondrían salidas mejores.

Convienen en que una justicia mayor implicará un mundo con intervenciones mínimas, casi inexistentes, y que, antes de gritar a la utopía, como lo habían hecho muchos, era necesario que cada uno de ellos analizara si tendría mejor talento y mejor vo-cación en un mundo intervencionista que en uno no intervencionista. Sin llevar este concepto a una cuestión de prin-cipios tampoco. Pues todos convinieron en que hay momentos decisivos en que la intervención, si cada cual hace abandono de su talento y de su vocación, era necesaria y saludable, pero que indicaría que los dirigentes fiables, éticos, desarrollados y justos están rodeados de personas que no están por la labor de crecer ni de ser, y que, por lo tanto, deberían sentir miedo auténtico a quedarse con tal entorno parasitario que no se merecería a tal dirigente con él. Pues una intervención legítima indica un abandono de la seguridad, del desarrollo y de la justicia por parte de los demás, situación ésta apta para producir miedo, tristeza y rabia en el que interviene, quien, de no asumirlas, pasaría a ser un salvador mesiánico indeseable.

Cuarto tema tratado: **De dónde surge la justicia y cómo impartirla**

En este debate nuestros protagonistas tratan el tema de si puede haber justicia sin castigo, de si puede existir un derecho natural y cómo sería. Fíjate, Mujer, la actualidad de este tema cuando se están ahora alzando voces en España para que se instaure la pena de muerte en ciertos casos.

He aquí sus conclusiones:

"La justicia se materializa en la cultura, sistema de valores adoptados por la sociedad, como techo protector que instaura un techo más alto que el anterior como medida de lo posible, apta para permitir, sobre la base del desarrollo continuo, mayor crecimiento y libertad a la colectividad."

Aportaron un nuevo derecho natural, más justo, más amplio y realista, y calcularon que, si éste rigiera la sociedad, se produciría, a muy corto plazo, al menos un incremento del triple sobre la base del rendimiento colectivo actual.

Lo anterior les confirmaba en la hipótesis de que la rabia tenía la justicia como función, con lo cual adoptaban esa verdad como antes lo habían ya hecho con el miedo, cuya función es la seguridad y con la tristeza, cuya función es el desarrollo. Pues una hipótesis se torna realidad científica, cuando se verifica en todos los casos y pasa a abrir nuevos campos y horizontes de desarrollo, considerándose así un descubrimiento.

Se verificaba que **una justicia verdadera podría ser muy poco intervencionista, ya que, al reposar sobre leyes inmutables que se trata de descubrir, funciona por sí misma**, de manera que el culpable de cometer una injusticia, se situaba por sí mismo, inevitablemente, en el miedo y en la tristeza, al borde del abismo de la psicopatía.

Quinto tema tratado: **¿Es la injusticia fuente de enfermedades?**

O por decirlo de otro modo, ¿existe relación entre la salud social y la salud de la persona? Es este un tema apasionante: ¿En entornos de injusticia social hay mayores enfermedades de algún tipo? ¿Se ve afectada la salud de las personas en función del grado de justicia de su hábitat? Y además de apasionante, muy controvertido, pues nos lleva a cuestionar el grado de justicia en las sociedades que se supone son las más avanzadas, como la nuestra. Lo que parece claro por lo visto hasta ahora es que en un entorno de injusticias, **la rabia, o se manifiesta sanamente, o se cambia por otra emoción inadecuada, que puede producir enfermedades de alto riesgo**. Y de manera contraria, antes estímulos aptos para otra emoción, el sentir rabia también puede enfermar a la persona pues la torna destructiva y, a la larga, auto-destructiva.

Los personajes del libro desvelan los descubrimientos sobre la incidencia de la falsa rabia (sentir rabia en lugar de otra emoción) o de la sustitución de otra emoción cuando debería sentirse rabia –son éstos, descubrimientos que tú, Mujer, realizas y muestras en tu libro sobre enfermedades[18], y que en esta ocasión pones en boca de Pedro, uno de los protagonistas de tu libro-.

Por su interés, paso a resumirlos: En **las Neuropatías**, todos los enfermos comparten un mismo patrón de disfuncionamiento: ante los estímulos aptos para provocar en ellos miedo auténtico, es decir amenaza a su integridad o a la de los demás, sienten y manifiestan rabia histérica contra los que los vienen a defender de verdad. Y, ante todos los estímulos aptos para hacer surgir la rabia, es decir mentiras, manipulaciones e injusticias, sienten y expresan miedo cobarde y abstencionista.

---

[18] N.E. "Librarse de las enfermedades y de paso, aterrizar en la sensatez", de Preciada Azancot. ISBN: 9788493887803.

Respecto a **las cardiopatías**: Todos los pacientes sienten rabia resentida y revanchista contra los estímulos aptos para provocar tristeza auténtica (básicamente pérdidas que achacan a los demás en vez de responsabilizarse y encontrar soluciones que los dejen mejor que antes de perder, aplicando la tristeza como veíamos en el capítulo del adolescente) y sienten tristeza depresiva y conformista frente a los estímulos aptos para sentir rabia auténtica.

Y respecto al **cáncer**, los enfermos sienten amor venerador e idolátrico hacia todo motivo de rabia auténtica y, a la vez, sienten rabia agresiva y defensiva contra todo motivo de amor real que ven como competencia desleal hacia los que los esclavizan.

¡Menudos descubrimientos! Llegará el día en que esto se vea como lo más normal del Mundo y se aplique de manera generalizada, evitando sufrimientos y muertes. No sé si lo veremos, Mujer, pero sí, ¡Ya lo verás!

Soxto toma do dobato: la civilización

Llevas años diciendo que estamos asistiendo al derrumbe de una civilización, de la que surgirá una nueva, más acorde con el ser humano, más humanista. A ello nos referimos en nuestro primer libro de diálogos ("Sí me indigno, ¡¿Y ahora qué?!").

En el libro sobre justicia, se llegan a las **siguientes conclusiones**:

Definiendo una civilización como un sistema coherente de valores, cultura e instituciones, llegan a la conclusión de que hasta la fecha todas las civilizaciones han tenido una tipología que negaba su totalidad y mantenía a sus destinatarios con competencias infladas, talentos desconectados y vocaciones prohibidas. Es importante recalcar que las organizaciones humanas tienen tipología y que esta tipología marca la forma de funcionar de los seres humanos que las componen. Igual pasa con las civilizaciones.

Se puede llegar a una civilización que devolviese a los seres humanos su integridad y fuera una civilización de armonía, claridad, corporalidad, metamorfosis, alma y espíritu y que lograría poco a poco la unanimidad de todos los seres humanos. Se trata de llegar a una civilización que posibilite y potencie el crecimiento de los ciudadanos, redimensionando competencias, conectando talentos y apostando por las vocaciones. Creo que el camino que llevamos hasta ahora recorrido en este libro ya apunta a nuevas formas más sanas y más naturales de tratar a cada cual. Apuntando hacia ese BIO-HUMANISMO al que te refieres.

También se concluye que el peso de la tipología de las organizaciones a las que pertenecemos es aún más grande que el de nuestra tipología personal. Sobre nuestra tipología personal, pesa la de nuestra familia, y sobre ésta la del país y sobre éste la del Mundo. Creo que ya habías apuntado, Mujer, que el Mundo es de tipología Constructora. ¿Podríamos llegar a la conclusión de que una civilización conectadora y potenciadora de esa tipología es la que le vendría bien al Mundo? ¿O más bien, y según apuntas en tu intervención, sería una cuestión de conectar y potenciar países y continentes, según sus diferentes tipologías? O, perdona que esté tan preguntón, ¿se trataría más bien de ambas cosas a la vez, donde la conexión y potenciación de la tipología mundial debería aplicarse a los asuntos transnacionales? ¡Hay tema interesante para el debate!

*Séptimo tema de debate: **las ideologías***

Sobre las ideologías mucho se ha escrito y debatido. Últimamente se utiliza mucho la palabra "cosmovisión", que parece más moderna y más actual –aunque tiene ya un siglo largo de existencia-, pero que viene a significar lo mismo. Y el debate no debe ser sobre qué ideología es mejor, o es la más adecuada. El debate es qué pintan las ideologías. Y es éste el debate que tienen los protagonistas del libro.

Si vamos al diccionario, la ideología se define como "*Conjunto de ideas fundamentales que caracteriza el pensamiento de una persona, colectividad o época, de un movimiento cultural, reli-*

gioso o político, etc." En la definición misma está la perversidad del concepto, pues si se trata de ideas, las ideas están, como ya hemos visto en el capítulo del adolescente, para encontrar soluciones, para buscar más desarrollo y están en permanente mutación. Si congelamos una idea, no propia, y la hacemos nuestra, con orgullo, vemos que **las ideologías son el fruto del pensamiento sometido al prejuicio y hecho dogma, provocando también la alienación** de la que hablábamos anteriormente.

En el debate del libro se llegan a las siguientes conclusiones, muy en línea con lo anterior y mucho más rotundas:

"Las ideologías son cuerpos de ideas erráticas que rigen nuestras vidas y ocupan el lugar de nuestra vocación. La vocación nos hace certeros y libres; la ideología nos hace esclavos y miméticos."

"Se puede considerar como ideología todo lo que representa la ocupación de la esencia libre de nuestro ser por ideas limitadoras propias o de otros."

"Toda tipología lleva en sí una ideología, mientras que la conexión tipológica, es decir, el redimensionamiento de la competencia, la recuperación del talento y la conquista de la vocación lleva a una cultura, lleva a una civilización de liberación tanto propia como de las otras cinco tipologías restantes, todas libertadoras, todas en el mismo plano de igualdad. Todas indispensables porque forman y conforman la sexta parte de la verdad cada una."

"¿De dónde nace el fanatismo excluyente que comparten los seguidores de ideologías? De las súper ideologías que son las religiones. Una religión es un listón de parada al crecimiento de la alegría de la certeza de los seres humanos."

"Las ideologías son fuente de enfrentamientos y de guerras."

"Las guerras son auténtica tristeza transformada en falsa rabia destructiva. **En una sociedad justa, la guerra estaría prohibida, como hoy lo está la pena de muerte.**"

*Octavo tema de debate: **¿Nacemos para ser dirigidos?***

Cuando toda la población de los más diversos países está hasta la coronilla de sus políticos y de sus gobiernos, es éste un tema de trascendental importancia: ¿son necesarios los dirigentes? Aquí el debate no es si es mejor la anarquía o un estado controlador y fiscalizador, sino si el ser humano necesita ser dirigido, y si sí, cómo. Y esto enlaza con el modelo de liderazgo que hemos propuesto.

Las conclusiones del debate en el libro son de gran interés y paso a reproducirlas resumidas:

"Los modelos académicos sobre liderazgo en la actualidad y desde siempre no son válidos, y eso por tres razones: discriminan algunas tipologías y privilegian a otras, son manipuladores y mecanicistas, y no respetan los valores profundos reales de nadie."

"El modelo actualmente más en boga, que considera tópicamente maduro a aquél con antigüedad en la función e inmaduro al novato, es peligroso además de falso."

"Los seis Modelos de Dirigencia integral MAT que colocan el talento asumido relativo en abscisa, la vocación recuperada en ordenada y la competencia redimensionada en resultante, abren una nueva civilización de integridad y de progresos y se asientan sobre una justicia plena."

"Cada modelo de Dirigencia Integral MAT faculta para la máxima excelencia en lo que, antaño, se consideraba más negado y alejado de la vocación."

"A mayor perfección del modelo de Dirigencia menor necesidad de intervenir."

"Así, **el ser humano no nació para ser ni dirigido ni abandonado, pero sí puesto en valor por el modelo de Dirigencia integral, pues así, además de pleno, sería un referente para los demás y un maestro crecido.**"

Noveno tema de debate: **¿Han existido modelos válidos de cultura?**

Es decir, ¿hay modelos que han funcionado a satisfacción general? Y si sí, ¿cómo lo han logrado? En este capítulo, los protagonistas analizan los denominados "*milagros económicos o culturales*" y llegan a conclusiones de enorme potencia, sencillas y claras: lo que ha funcionado no ha sido por "milagro" ni por diversas situaciones coyunturales impredecibles, sino que ha funcionado, en todos los casos, por tratarse de países que han aplicado el modelo de liderazgo MAT -que han redimensionado su competencia, recuperado su talento y descubierto su vocación- en mayor o menor medida.

Las conclusiones del grupo son fantásticas; paso a exponerlas:

"Los modelos de gestión nacional más exitosos existentes en el mundo en la actualidad no contemplan el estadio mínimo de seguridad, desarrollo y justicia exigibles y no se fundamentan sobre el redimensionamiento de la competencia, la recuperación del talento y la reconquista de la vocación nacional, ni, mucho menos, asientan el liderazgo nacional sobre el talento en abscisa y la vocación en ordenada, y, por lo tanto, no constituyen referencia alguna para la cultura deseable que garantice una civilización hecha a la medida de lo humano en expansión."

"Sobre una persona pesa, de menos a más, su cárcel tipológica, la de su familia, la de su organización, la de su país, la del planeta. Eso en cuanto al aspecto negativo. En lo positivo, lo que aliviaría y arrastraría la seguridad, el desarrollo, la justicia para el ser humano sería, en orden de importancia decreciente, una cultura de justicia auténtica en el mundo, en el continente de pertenencia, en el país, en la organización, en la familia y en el individuo."

"El desorden actual favorece que los peores elementos intenten, por deseo de poder, hipotecar la potencia de los seres humanos más elevados y convertir el grupo de pertenencia originario en organizaciones que exaltan la idolatrización de la competencia, la rabia destructiva contra el talento originario y el tabú de la vocación, convirtiendo así una organización con potencial civilizador en una secta sedienta de poder y enemiga de la potencia. Cuando la finalidad de dichas organizaciones es científica, se convierten en ideologías, y cuando la finalidad es espiritual se convierten en religiones. En ambas, el primer enemigo, idolatrado por sus traidores seguidores, es el propio fundador, y, en su nombre, se invierte su designio originario, cometiéndose, en su nombre, los peores abusos. Cuando dichos grupos alcanzan el poder se les llama instituciones, cuando luchan por el poder se les llaman sectas. Pero, de hecho, son lo mismo."

¡Guau! ¡Qué de verdades y cómo de bien están expresadas! ¿Cómo es que, tras nueve años, tiene esto tantísima actualidad? Creo, querida Mujer, que fuiste a la raíz, como siempre haces y buceaste para desenraizar antes de que nadie siquiera sospechara nada en la superficie.

Décimo tema de debate: **Motivaciones y valores, ¿hacia dónde ir?**

Este interesantísimo debate se centra en las teorías sobre la motivación humana. La verdad es que, tal y como apunta el libro, las explicaciones sobre la motivación humana siempre han estado condicionadas por el entorno político y social y por cómo este entorno consideraba al ser humano. La máxima motivación de un paria indio (los denominados dalits) será, según el hinduismo, rencarnarse al menos en un esclavo.

Tras debatir sobre las teorías de motivación y especialmente sobre la que está hoy en día tan en boga (desde hace ya unos cincuenta años), la teoría de Maslow, concluyen que ésta es incorrecta y poco verídica; simplemente refleja la sociedad de consumo capitalista en la que se generó. Frente a ella, proponen la pirámide de las motivaciones universales del ser humano, que no es otra que tu Teoría Omega del MAT, sobre la que estamos basando nuestra formulación sobre las edades del hombre.

Reproduzco el texto que la describe por su potente formulación:

"En la secuencia de la Teoría Omega cada emoción es base y fundamento de la siguiente, su única base posible, y cada

**emoción siguiente es la única finalidad posible de esta pri-
mera**. Y lo ilustró de esta manera:

- El miedo es base de la tristeza, porque, en lo negativo, si
no cierro y defiendo a tiempo un lugar amenazado me
expongo a una inevitable pérdida que hubiera podido
evitar, y, en lo positivo, porque si sé diagnosticar lo tóxico, lo dañino, voy a poder encontrar soluciones para
curarlo y tratarlo. Seré más ético.

- La tristeza es base de la rabia, porque, en lo negativo, si
no tengo la sensibilidad para evitar dañar, voy a provocar
reales y legítimas protestas y denuncias, y, en lo positivo,
si detecto la pérdida posible antes que nadie, podré erradicar la causa y prevenir el surgimiento de problemas;
tendré así un espacio de desarrollo, sensatez, compasión
y motivación para mí y para los demás. Seré más lúcido.

- La rabia es el fundamento del orgullo porque, en lo negativo, si miento y manipulo, la valoración que se tendrá de
mí será pésima, y, en lo positivo, si detecto cómo no y
cómo sí actuar, podré crear algo más genial y que sea de
verdad, que exista en la eternidad, que sea lo que ES y
será siempre. Seré más grande.

- El orgullo es la base del amor, porque, en lo negativo, si no valoro en mí y en los demás lo más alto y crecido, lo mejor, nunca recibiré ni daré amor que nutre lo mejor sino que ata a lo peor, una simbiosis en suma. Y, en lo positivo, si estoy orgulloso de lo más grande y esencial en mí y en los demás, podré ser nutritivo y entregarme a lo más elevado y, por ende, lo más duradero y sólido. Y no me costará ser paciente para conseguir lo auténtico. Seré más universal.

- El amor es la base de la alegría, porque, en lo negativo, si no me entrego a lo bueno que hay en la vida, voy a ser un amargado, escéptico con toda posibilidad de cambio y de verdad. Y, en lo positivo, si me entrego desde lo mejor de mí a lo mejor del otro siempre estaré celebrando la fiesta del fluir y de la paz, Y mi conciencia estará serena. Seré más sabio.

- Y la alegría es la base del miedo, porque, en lo negativo, si no disfruto y celebro el cambio de la vida, intentaré controlarlo y seré patético además de agotador y peligroso, y, en lo positivo, si fluyo en paz y en orden seré un oasis de fiabilidad, ética y armonía para todos, porque sólo tendré miedo a perder la verdad. Seré persona.

- Y así sigue, indefinidamente, hasta el infinito."

Undécimo tema de debate: **Unanimidad en la diversidad, ¿se puede lograr?**

Tras las conclusiones sobre las teorías de motivación humana, en este capítulo los protagonistas nos desvelan **las seis pirámides motivacionales personalizadas para cada tipología**. Cada una de ellas arranca del talento diferencial de la tipología personal, sigue la secuencia emocional acumuladora de energía, y culmina en la sexta emoción que representa, para cada persona o grupo, la suprema realización personal o grupal. De esta manera, el libro desvela **los seis modelos de crecimiento de la Teoría Omega.**

"Estas pirámides constituyen la mejor plataforma de partida de procesos de cambio y de rescate de toda la valía potencial instalada. Y se pueden utilizar tanto para personas, cada una partiendo de su talento diferencial, como para cualquier tipo de organizaciones, por más pequeñas (parejas) o grandes (países, continentes, planeta) que éstas sean."

Por ejemplo, aplicando el modelo adecuado a un país, se puede conseguir en tiempo récord que éste prospere, florezca y consiga lo mejor de sí. Estaría genial aplicar el modelo de la tipología reveladora en España, con base en su talento, el desarrollo y la tristeza, ¿No crees, socia?

Duodécimo tema de debate: **Las enfermedades sociales y empresariales.**

Analizando las causas emocionales de las enfermedades del ser humano, nuestros amigos protagonistas debaten sobre **qué tipo de sociedad propicia qué tipo de enfermedad**, llegando a conclusiones muy esclarecedoras. Partiendo de que el primer factor causal de las enfermedades, tanto sociales como físicas y sanitarias, son las emociones desviadas de sus estructuras, finalidades y funciones innatas y naturales, **invitan a los médicos y a los civilizadores a examinar y medir los estragos, desesperación y muerte que dichas disfunciones acarrean y lo sencillo que resultaría remediarlas**.

A modo de ilustración, "las cardiopatías, como primer factor de riesgo, tienen la tristeza derrotista cuando el estímulo adecuado es la rabia y rabia revanchista cuando lo es la tristeza. [...]. Es la enfermedad de los que se creen "realistas" pero que no tienen de verdad los pies en la tierra, sino bajo tierra. Es la enfermedad de la ciencia oficial y de la educación elemental, superior y universitaria, es la enfermedad de las consultorías todas."

Decimotercer tema de debate: **¿Cuál es la finalidad de la justicia?**

Por último, los protagonistas debaten sobre las finalidades de la justicia. En el manifiesto que presenta una de las protagonistas, se apunta que **la finalidad última de la justicia es que reine la verdad**. Y esto me ha recordado mucho a lo que me comentabas sobre cómo surgen nuevos valores, yendo a la raíz, extirpando lo mentiroso y lo desactualizado o podrido, y dejando el terreno virgen para que surja un nuevo valor, más sano, más justo, más vivo. Me lo recuerda pues cuanto más sano, más justo y más vivo esté un valor, más verdad contendrá.

Hay otra conclusión en este tema de debate que me ha resonado mucho y que, de alguna manera, está implícita en tus intervenciones en este capítulo sobre la juventud, y es que **"la justicia evidencia un orden innato y pre-existente a nuestro paso fugaz por el mundo."**. Si haciendo justicia a nuestro cuerpo, éste sana, si con la rabia encontramos el "cómo" de las cosas y situaciones, es porque hay un orden innato que cuando se sigue, hace que todo marche de forma natural y beneficiosa. Igual que estamos describiendo en este libro un orden o secuencia natural en las distintas edades del hombre, que "casualmente", como diría mi mejor amiga —o sea, tú-, corresponde con la Teoría Omega y que parece que a nuestro amigo David lo está convirtiendo en un ser humano completo, por ahora seguro, inteligente, desarrollado y haciéndose justo...

Bueno Mujer ecuánime, ¡pues anda que no hay temas de debate y anda que no son interesantes! Temas tremendamente estimulantes para cualquier joven. Tal y como apuntabas, se tratan de debates sobre lo social. Te lanzo una pregunta que muchos de nuestros jóvenes y no tan jóvenes lectores se harán: ¿Cómo puede un joven de hoy movilizarse? ¿Cómo actuar? Yo creo, amiga, que quizás sería el momento de exponer la secuencia MAT del Vitalizador, ¿te parece bien?

Mujer: La verdad es que sí, Hombre socio. Muy interesante me parece tu mejor amiga ;-)). Sobre todo, teniendo en cuenta que esos libros fueron escritos cuando no se atisbaban los problemas e injusticias que nos tienen a todos indignados hoy. Lo bueno de esto es que, en esa época, no se atisbaban las crisis - y ya ves que las había– de todas las estructuras sociales, al igual que hoy no se vislumbran soluciones. Y sin embargo, el derrumbe de esta civilización ya es un hecho, como también lo es el surgimiento de otra, fundada sobre el Bio-Humanismo que propugnamos, y que, hoy por hoy, casi nadie ve, permitiéndose el lujo, además, de tacharnos de utópicos, desde sus miopías.

Y sí, ya llegó el momento de examinar la secuencia MAT en seis pasos, de funcionamiento de nuestro Vitalizador. Pero antes, quiero hacer algunos comentarios que nos sirvan de testigo, de ilustración en cada uno de esos pasos, para ver si la rabia cumple su función: la de hacer funcionar óptimamente el Vitalizador.

Mi primer comentario es que, **en el tópico que rige aun los valores** necesarios para fundamentar y sostener la educación del ser humano, el falso orgullo hinchado, que es el que rige – como ya vimos- la juventud común, **tiene como función anular el miedo, hacerlo políticamente incorrecto y así instalarse e instalar al entorno en la inseguridad**. Por simple ley de los ejes, del segundo eje en este caso. A más orgullo, menos miedo.

Eso ya sería peligroso por sí mismo, pero es absolutamente aterrador si pensamos que la edad normal, biológica, de tener niños es justamente la juventud. Así pues, los niños nacidos de los jóvenes padres del planeta, tendrán el miedo y la seguridad despreciada a más de mal vista. Y **no sólo no será un requisito, sino que será aborrecible garantizar, privilegiar y entrenar a los infantes y a los niños, en la seguridad.**

Mi segundo comentario es que **lo contrario, lo absolutamente opuesto a la rabia, lo que la inhibe y anula, es la CULPA**. Este mecanismo monstruoso que consiste en cambiar la rabia autentica en auto-acusación del inocente, de la víctima y en necesidad compulsiva de reparar pecados y faltas que han cometido contra nosotros e indemnizar –inacabablemente además- a nuestros verdugos, **remplaza e invierte, en la sociedad regresiva, la rabia sana y sus legítimas y orgánicas funciones**. Todas las que hemos visto. Si nos sentimos culpables cuando nos mienten, nos maltratan, nos acusan falsamente, estamos dando el aval a los delincuentes de guante blanco y pedimos más castigo para purgar una culpa que nunca se extingue, pues se incrementa y legitima con el maltrato.

Y mi tercera reflexión es que **lo más importante de la rabia, su máxima función** –más aún que la corporalidad- **es la de ser ICONOCLASTA, es decir, la de derribar ídolos. Es la de ser la aniquilador de la culpa, en suma.** Un ídolo, por definición, es un valor muerto, necrófilo, que se presenta y asienta como siendo lo máximamente sagrado, lo incuestionable. Es la inversión absoluta del tercer eje, el más importante: la suprema viga maestra que sostiene nuestra personalidad. Así pues, este mecanismo de inversión radical –nunca mejor dicho-, **instaura la mentira más abyecta como verdad absoluta y la verdad más alta como mentira y agresión, manipulación intolerable.** Convierte la verdad en algo donde el "así sí" sólo podría ser la muerte, la aniquilación. O sea, lo contrario del "así sí" sano, más culto y culturizante. Y en una sociedad así, **todo lo abyecto configura lo sagrado, lo intocable**: el mito tipológico ocupa el Centro vacío reservado justamente a la evolución de la especie, la inversión de la secuencia acumuladora de energía (nuestra secuencia Omega) se presenta como lo propio de lo más alto y culturizador para la raza humana, la desconexión del talento y de la vocación propias de cada cual se muestra como lo evolucionado y lo perfecto, las religiones e ideologías como lo libertador de la potencia humana, y paro de contar. Así, una mentira absoluta, **una estafa, se convierte en un dios doméstico, en un tabú que jamás puede ser cuestionado y que nunca ha de regirse por las mismas leyes que supuestamente, propugna, pues un ídolo, por definición, está por encima de la ley**.

Así que te invito, mi querido Hombre, a que examinemos, en cada una de las seis fases de la secuencia del mecanismo de justicia y de rabia, en qué y cómo esa fase garantiza, elimina, erradica la amenaza de instaurar y de mantener ídolos, culpas, e inversión de los tres ejes o vigas maestras que sostienen nuestra estructura de personalidad y nos sirven de puntos cardinales para orientarnos en nuestra vida. Obviamente, como se trata de carnalizar el cielo de andar por casa, no toca ahora extendernos sobre los tres ejes, pues surgirán en la conquista de las tres edades que seguirán a esta. Pero nos contentaremos con nombrarlos: el primer eje Amor-Tristeza, que nos hace humanos y rige lo disponible, el segundo, Orgullo-Miedo, que nos hace evolucionados y rige lo existente; el tercer eje Alegría-Rabia, que nos hace libres y rige lo presente.

¿Te animas a arrancar sobre esta base, Hombre?

Hombre: ¡Y tanto que me animo, Mujer! Me gusta mucho tu propuesta de ir ilustrando las seis fases del mecanismo de justicia viendo en qué y cómo cada fase elimina y erradica la amenaza de instaurar y de mantener ídolos, culpas, e inversión de los tres ejes o vigas maestras que sostienen nuestra estructura de personalidad y nos sirven de puntos cardinales para orientarnos en nuestra vida. ¡A ver si lo logro!

El mecanismo de justicia y de rabia consta de seis fases. Vamos a por ellas:

La primera fase consiste en **percibir, repartir y asignar**.

Percibir es lo que nos permitirá no tener prejuicios y fiarnos de nuestra percepción en el aquí y el ahora. Es un primer pasito para ser iconoclasta, para no tomar por bueno y real más que lo que percibimos por nuestros sentidos. Es un primer pasito para dejar de ser practicante de la iconodulia, corriente tan extendida hoy en día y cuya sonoridad me trae a la cabeza imbecilidad, estulticia…

¿Qué percibo ante un ídolo? Lo primero que percibo es el olor a formol, a moho, a encerrado. Pero lo que percibo con mayor potencia es el olor a rancio del idólatra, un perfume denso y pesado que intenta disimular con poco éxito el olor de la podredumbre, pues no nos engañemos, el idólatra es un muerto que dice estar vivo, y engaña a los demás creando al ídolo para acusar al que no lo siga de estar fuera de la vida. ¡Qué perverso suena esto! Pero creo que es tal cual. Percibo una descomunal manipulación de los idólatras para hacer que te sientas un bicho raro, un tangencial, un marginal si no comulgas con su ídolo.

¿Qué percibo ante la culpa? Ya sabes, Mujer querida, que yo he estado culpabilizado durante muchos años y por muy diversos motivos y personas, así que mis sentidos han estado embotados mucho tiempo para no percibir más que una imperante necesidad de reparar algo, de pedir disculpas. Hoy, y tras entrenamiento y mucha ayuda, percibo que, ante el culpabilizador, me ataca un sordo dolor de cabeza que antes no identificaba con la causa.

¿Y qué percibo ante la inversión del eje Orgullo-Miedo? Concretando en lo que apuntas, Mujer, sobre la juventud orgullosa que educa a sus hijos en la ausencia total de seguridad y que, además, se permiten acusarte de mal padre, aguafiestas, gruñón o rígido cuando te atreves a poner límites a tus propios hijos, lo que percibo es un chirriar ensordecedor ante la inversión de la verdad. Percibo la mentira y la agresión contra la verdad. Y sobre el poder político que se instala en el falso orgullo y nos tiene a todos los ciudadanos atemorizados, congelados, percibo cómo me hierve la sangre, percibo que los que deberían sentir miedo por perder el poder son los gobernantes y los que deberíamos estar orgullosos porque saldremos adelante, siempre, somos los ciudadanos. En definitiva, percibo en este último caso, la manipulación en estado brutal, generalizada.

Tras percibir toca **repartir**, y no se trata aquí de "repartir leña", que es lo que más de uno pensará que habría que hacer ante lo que estamos describiendo, no, sino de repartir, dentro de nuestra estructura de personalidad, las funciones y emociones para poder reaccionar sanamente, naturalmente -naturalmente en el sentido de que es lo que de forma orgánica sería una reacción buena para nosotros, lo contrario de lo que por desgracia, es habitual. Se trata, en un caso social, de repartir de manera ecuánime entre las partes, evitando agravios comparativos.

En el caso de los ídolos y de los idólatras, se trata de enviar el miedo a nuestro Rector ante la invasión de nuestra espiritualidad y la invasión de tópicos, se trata también de enviar la tristeza a nuestro Sintetizador para ver si encuentra soluciones que pudieran resolver la causa de la Idolatría y se trata de enviar la rabia a nuestro Vitalizador para que reaccione ante el atropello. Se trata también de repartir el asunto de la idolatría entre los ídolos, los idólatras, los adláteres de éstos, los que hacen como si nada ocurriese (siento decir, que la mayoría de nosotros) y las víctimas de todos ellos, sin confundir quién es quién.

En el caso de la culpa, repartiremos la acción a nuestro Vitalizador, para que reaccione ante el motivo de nuestra rabia.

En el caso de la inversión del eje Orgullo-Miedo, enviaremos al Rector el miedo para que vea si éste es verdadero o falso y enviaremos al Vitalizador la rabia para que pueda reaccionar más adelante ante la falsedad y la inversión de la verdad. Tendremos que enviar orgullo a la estructura que corresponda, pues estará falta de él. Repartiremos la responsabilidad de la injusticia entre los actores de la misma: los jóvenes padres con el orgullo subido y sus hijos terroristas por un lado, los gobernantes y los ciudadanos victimizados y anestesiados por el otro.

Una vez se ha repartido, toca **asignar** a cada estructura su función. O de asignar a cada uno lo que le corresponde en derecho, bien sea su parte de responsabilidad o de culpa, bien sea su parte de derechos violados.

En el caso de los ídolos y los idólatras, se trata de frenar con nuestro Rector la invasión de nuestra espiritualidad y la invasión de tópicos, se trata también de pensar con nuestro Sintetizador soluciones que pudieran resolver la causa de la Idolatría y se trata de sacar la rabia de nuestro Vitalizador y de prepararla para reaccionar con acciones positivas. Asignaremos a los idólatras la creación de la mentira y de la manipulación, a sus adláteres, los iconodulios, el mantenimiento de la misma. A los que no reaccionan les asignaremos la culpabilidad del que no denuncia, del que "calla, otorga" y a las víctimas, les asignaremos su derecho al libre albedrío y los liberaremos de su culpa por no seguir los mandatos idolátricos.

En el caso de la culpa, asignaremos al Vitalizador la tarea de corregir el destinatario de nuestra rabia, desde a nosotros mismos, hacia el creador de la culpa que, además, como bien señalas crea cáncer, social esta vez .

En el caso de la inversión del eje Orgullo-Miedo, asignaremos al Rector la función de comprobar dónde están los peligros y asignaremos al Vitalizador la función de reaccionar como expondrás más adelante, querida socia. Tendremos que asignar a la estructura que corresponda al orgullo, el reforzamiento de éste.

Asignaremos a los culpables, el papel de tal: jóvenes con el orgullo excesivo y gobernantes. Que son los que deberían tener miedo, por cierto. Asignaremos a sus hijos su parte de culpa por "entrar al trapo" y estar faltos de límites por un lado y su parte de víctimas por no haber sido educados en la seguridad y estar faltos de referentes por el otro. Asignaremos a los ciudadanos su verdadera emoción, el orgullo de saberse autónomos, libres y capaces para enfrentarse al futuro.

Así, estaríamos ya preparados para reaccionar, no antes. ¿Te parece, Mujer, que así vamos por el buen camino?

Mujer: Sí, vamos por muy buen camino. Si te fijas, el primer paso que has descrito es lo que haría todo un tribunal ecuánime y justo ante un conflicto de intereses o ante un atropello. Y digo bien, todo un tribunal, y no sólo un juez democrático y muy competente. Con una actitud de partida así, nadie puede sentirse amenazado sino que se le da muestras de que el aparato está a su disposición y pone todos los medios para que la ecuanimidad y la garantía de imparcialidad sean un hecho. Podemos tocar tierra firme y colocarnos bajo un árbol protector. Y ya no resulta difícil imaginar a esa diosa serena y ecuánime con la balanza en la mano y que simboliza la justicia. Lo que yo le quitaría sería la banda sobre los ojos, pues el Vitalizador, sin el mayor de sus sentidos, la vista, se vería apocado y obediente del ayer trasnochado. Todo el aparato para impartir justicia sobre la base de hechos y de pruebas, está garantizado en este primer paso.

El segundo paso es **reaccionar, vitalizar, sanear,** en esta secuencia precisa. Y todo eso, antes de asumir que se siente rabia, pues ella también, aún está bajo sospecha. Eso es sumamente importante a causa de la **presunción de inocencia,** que es el fundamento de un sistema de justicia civilizado. Se presume que todo acusado es inocente hasta que se demuestre lo contrario. Y ni aun por haber sido culpable de un delito semejante en el pasado ha de presumirse su culpabilidad. Por ejemplo alguien nos ha podido manipular diez veces antes, pero cuando se desata el proceso del Vitalizador auténticamente energetizado, no se ha de saltar pasos y denunciar, ni mucho menos atacar. Ni siquiera se ha de asumir la rabia que se pueda sentir como auténtica, pues el juicio estaría contaminado por traumas del pasado, por prejuicios, por temores sobre el futuro, tal vez no justificados. Por más que todo parezca indicar que se está cometiendo algo tramposo, no basta para saltar al "así no", ni menos aún al "así sí". **Eso sería difamación en alguna manera. Una justicia ecuánime aborrece de chivos expiatorios, obviamente.**

Por eso, tras asignar a cada estructura la tarea de percibir, repartir y asignar con respecto a lo que está pasando, tal y como lo has descrito, Hombre, lo adecuado, lo eficaz es **reaccionar** a los nuevos datos, a los datos objetivos, todos, percibiendo lo máximo del espectro de la realidad total, es decir abriendo el espectro de nuestra percepción del aquí y del ahora. Y eso incluye, muy particularmente, percibir plenamente el lenguaje no verbal y las inacciones cuando normalmente no debería haberlas. Por eso los delitos y crímenes por inacción son tan graves y más cobardes que los cometidos por acciones.

Toca reaccionar con toda la estructura, o al menos con las partes asignadas a percibir cómo está siendo la realidad sensible.

Volvamos al ejemplo de la culpa. **Hay sólo cuatro formas de manipular: atemorizando, culpabilizando, sobornando o mintiendo.** Imaginamos que alguien esté haciéndonos sentir culpables por algo que, en realidad, nos está haciendo él. Tomemos el ejemplo de alguien que nos invita a su casa a comer, pues se supone que somos amigos y además insistió mucho para que aceptemos la invitación. Así que, vamos confiados, pero cuando llegamos somos mal recibidos, con muecas de fastidio al, supuestamente, deber soportar nuestra presencia. Además el anfitrión nos dice que cocinó algo que sabemos no le gusta, justo –añade con aparente sacrificio- para que la esposa, que nos quiere mucho, tenga todo lo que le gusta: sus amigos –nosotros- y su comida preferida. Y todo eso dicho con miraditas de odio a nosotros y de temor hacia la esposa–como si le fuéramos a hacer algo malo ¡nosotros!-.

Bien, pero supongamos -como de hecho podría ser verdad-, que funcionamos bien. Primero hemos percibido -pues ojos tenemos y oídos también- esa actitud incompatible con la alegría de recibir amigos, y como nosotros no somos unos falsos, estábamos sintiendo auténtico cariño y alegría, así como nuestra amiga, la esposa de nuestro anfitrión. Entonces pasamos a la fase de repartir la tarea a nuestro Rector, ducho en diagnosticar y a nuestro Sintetizador, entrenado en analizar y sintetizar datos, mientras conservábamos en alerta roja nuestro Vitalizador enchufado al aquí y ahora. Entonces, obviamente, como sólo tuvimos confirmación con creces de la anomalía, dimos por válida nuestra percepción inicial. Lo bueno del caso es que habrá estado enriquecida por detalles se desplantes posteriores que hubiéramos pasado por alto.

Automáticamente, el simple hecho de decirnos "no, no fue un espejismo, me está mirando feo y está confundiendo a mi amiga" y de reaccionar sanamente dando por válida nuestra percepción sin atisbo de confusión, ya nos pone en situación de, no sólo reaccionar, sino de **vitalizar** toda nuestra estructura de personalidad, lo que viene a decir que nadie podrá acusarnos de interpretar mal o de equivocarnos en nuestras percepciones, ni decirnos que es sólo una idea, una manía nuestra. No, vimos y oímos lo que vimos y oímos, porque está refrendado y cualquiera enchufado al aquí y ahora vería y oiría lo mismo. Eso aleja y neutraliza la culpa. Y por lo tanto, **sanea** todo nuestro cuerpo, toda nuestra instalación carnal, sensorial y emocional. Y la simple actitud corporal llena de vitalidad y de acierto disuadiría a cualquiera de intentar decirnos que vemos visones ni que son ideas, logrando así culpabilizarnos. Y como, además, nuestro anfitrión sigue con su jueguito, pues los tramposos siempre se creen más listos que sus víctimas, nosotros ya podremos **sentir** plenamente la rabia justa que esa situación amerita suscitar. Y esa ya es la tercera fase.

Y así, de modo orgánico, entré en tu tejado donde dejé la pelota, Hombre.

Hombre: Pues sí, no sólo de modo orgánico sino elegante, Mujer. Como dicen los aficionados al tenis, gran "*passing shot*".

Me parece genial pasar por las dos fases anteriores con sus tres pasos cada una antes de **sentir**. Y me parece que es como se funciona cuando se funciona bien. ¡Bravo! Revisando lo que te escribí antes, veo que yo ya sentía y manifestaba la rabia en la primera fase, así que es algo que tengo que corregir si quiero hacer este proceso de justicia-rabia lo más justo posible. Ahora entiendo que la primera fase (percibir, repartir y asignar) debe hacerse con la mayor objetividad posible; se trata de dejar que nuestros sentidos nos informen y determinemos los actores involucrados y las acciones (o inacciones) que éstos realizan. Y que la segunda fase (reaccionar, vitalizar, sanear) debe seguir con esa objetividad, acentuada, si cabe, **al igual que funcionaría la ciencia forense**: la reacción se produce actualizando y dando por buena o por mala la percepción inicial. Si la damos por mala, tendremos que poner todos nuestros sentidos en alerta para tener una percepción más real y volver sobre el proceso. Si por buena, nos permitirá vitalizarnos; saber a ciencia cierta que estamos percibiendo la realidad correctamente y que nadie nos podrá decir que es de otra manera y finalmente podremos sanearnos, en el sentido de sentirnos bien con nosotros mismos pues estamos reaccionando de la manera adecuada y **saludable**.

Si no pasamos antes por estas fases, haciéndolas bien, aunque sintamos rabia ante una causa digna de ella, acabaremos sintiéndonos culpables y con razón... Pues hemos prejuzgado y sentido lo que quizás no había que haber sentido y, por tanto, sin dar la oportunidad a que las cosas sean de otra manera.

¡Cuánto me suena esto, Mujer! Yo tiendo a sentir rabia, antes de nada, luego ataco, y luego me siento culpable… ¡La buena noticia es que esto dejará de pasar!

Por otro lado, el pasar por esas dos fases previas nos prepara para sentir lo que objetivamente toca sentir, en este momento preciso y con estos actores presentes, evitándonos prejuzgar por situaciones similares con actores que nos recuerden a los actuales y por los que sentimos lo que sintiéramos.

¡Así sí, estamos mejor preparados para sentir lo que toca sentir en cada momento! Y es este un punto peliagudo y difícil de lograr si no disponemos de una herramienta como la que estamos describiendo. Reside aquí un concepto importante que es necesario recalcar: **cualquier persona que funcione bien, que funcione con todos sus sentidos alerta y desplegados y con sus emociones bien dimensionadas y alimentando a las estructuras correspondientes, sentirá lo mismo ante el mismo estímulo de rabia. ¡Esto sí que es justicia verdadera, pues la misma BUNEA LEY se aplica a todos por igual!** Entonces, ¿cómo es que en la mayoría de las ocasiones no sentimos lo que deberíamos sentir? y ¿cómo es que habitualmente nos escudamos en tópicos justificativos como por ejemplo que cada cual siente lo que siente, en que cada persona es un mundo y en que los sentimientos, sean los que sean, tiene todos la misma validez, vengan de quien vengan?

Es éste un relativismo que surge, siempre, de la mentira. Primero, de mentirnos a nosotros mismos y segundo, de mentir a los demás. Y como es de rabia de lo que estamos hablando, y como esto es una mentira, a ver si logramos desenmascararla: la capacidad de percepción por nuestros sentidos es muy similar entre todos los seres humanos –exceptuando las personas que tienen alguna capacidad impedida, como sordos o ciegos, o las personas muy crecidas que tienen una capacidad de percepción extremadamente sensible y las personas con problemas psiquiátricos graves, que perciben la realidad distorsionada-.

¿Qué ocurre entonces? Lo que ocurre me parece que es sencillo de formular (y, no debería ser difícil de evitar, pero, en general, caemos, cada uno donde más nos duele...): **No queremos percibir algo porque no queremos conocer la verdad.** Si concientizáramos que estamos percibiendo lo que estamos percibiendo, se desataría el proceso que estamos describiendo y, al llegar a este tercer paso de sentir, sentiríamos rabia. Y **eso va en contra de nuestra comodidad, de nuestros irreales sueños, de nuestras imposibles fantasías o de nuestra prejuzgada concepción del mundo.** Así pues, nos negamos a concientizar la percepción y actuaremos como que no hemos percibido nada que desate el proceso de justicia-rabia. Es decir, nos estaremos mintiendo. Y, para más inri, **como ese tipo de mentiras nos las llevamos diciendo años, quizás toda la vida, ya las hemos incorporado a nuestra forma de funcio-**

nar **"en automático"**. Es lo que tú llamas **"Reacción tipológica", es decir "reacción casi epiléptica y tópica en vez de acción basada sobre el saneamiento de la propia competencia, de la valorización de nuestro real talento y de la afirmación encantada de nuestra certera vocación"**.

Y, como somos todos coherentes aún dentro de nuestro mísero caos–tal como siempre dices, Mujer-, esas mentiras las hemos incorporado a "nuestra subjetiva verdad", de forma que no estemos dudando siempre ante el mismo estímulo. Es éste un mecanismo peligrosísimo pues, aun sabiendo en el fondo que son mentiras, como las hemos convertido en "nuestra verdad", son puntos que no sólo no nos permiten reaccionar con naturalidad y desapego ante la manipulación o la mentira ajena sino que además mentiremos a los demás de manera ostentosa, defendiendo "nuestra verdad" como si fuera un asunto de vida o muerte. Y no sólo eso, sino que encima, atacaremos furibundamente al pobre amigo a quien se le ocurra, con toda la buena intención del mundo, apuntarnos la sencilla y natural percepción que, objetivamente, debería producirse.

En resumen, los seres humanos –excepto honrosísimas excepciones entre las que no me incluyo- para no ver la realidad tal y como es, sino para pretender verla tal y como deseamos –malditos cretinos somos cuando actuamos así-, nos mentimos, salvamos a quienes nos manipulan, mentimos a los demás y sentimos una intensa rabia con las personas que, por amor, nos apuntan la falsedad en que estamos inmersos…

Voy a ilustrar esto con un ejemplo: Supongamos que estamos con una persona que ha sido nuestra amiga desde que éramos niños. Supongamos que bien por mamiferío, bien por idolatría hacia "nuestros amigos de toda la vida", bien por simbiosis, bien por la comodidad de "más vale malo conocido que bueno por conocer", o bien, como es el caso más frecuente, por todo ello sumado, tenemos un trombo en nuestra relación con ella que nos impide percibir que desde hace tiempo nos manipula con culpa. Siempre que estamos con esa persona nos acabamos sintiendo culpables de su infelicidad, siempre acabamos con un intenso dolor de cabeza cuando no con un fuerte dolor de estó-mago. Como nos hemos tragado nuestra propia mentira de que "esa persona es amiga de toda la vida y así seguirá siendo por los años de los años, porque así son las cosas", la culpa la ve-remos como siendo justificada porque nunca nos vemos tantas veces como ella querría, y los dolores de estómago o de cabeza serán siempre "casualidades" que no querremos relacionar. Y proyectaremos la mentira hacia los demás diciendo "lo majo que es fulanito" o "lo bien que nos llevamos con él". Y si alguien que nos quiere de verdad nos apunta que fulanito nos está manipu-lando con culpa, nos enfureceremos con él, lo tildaremos de celoso cuando no de desalmado, lo dejaremos plantado y le reti-raremos la palabra… Este mismo ejemplo del amigo nos puede pasar con nuestra madre, con nuestro padre, con nuestra mujer, con nuestros hijos.

Así que sigamos el proceso que estamos describiendo y dejemos de cometer la mayor de las injusticias: **acusar al bien de ser la cause de nuestro mal (libremente elegido)**.

Después de sentir la rabia, la cuarta fase del proceso es **movilizar**. Una vez hemos sentido la rabia ante la manipulación o la mentira, tendremos que **movilizar nuestra estructura de personalidad para que esté lista para la acción**. La movilización implica que nuestro Rector, con el miedo auténtico, establezca los límites y ponga freno a las mentiras y manipulaciones (es decir, nos defiende), que nuestro Sintetizador, con la tristeza auténtica, busque soluciones para que no volvamos a permitir que una mentira o una manipulación la veamos como una realidad, como una verdad (es decir: nos cuida). Y sobre todo, que nuestro Vitalizador, bien recargado de rabia auténtica, se prepare para la siguiente fase, la más explícita por ser la que mayor acción exterior muestra. En el ejemplo que me ponías de la cena en casa de unos amigos, la movilización hará que el Rector nos diga NO a seguir con los jueguecitos del supuesto amigo, y nos diga NO a repetir la experiencia en tanto en cuanto no cambie nuestra percepción de la manipulación con culpa y en tanto en cuanto no exista un arrepentimiento y una disculpa sincera, percibida por nosotros como real. Y el Sintetizador, trabajando con la tristeza, realizará el proceso visto en el capítulo anterior, percibiendo las pérdidas de la amistad que no es tal, encontrando opciones como ver a solas a la mujer en el futuro, y soluciones sobre QUÉ hacer en ese momento. Y encontrando la mejor manera de comunicarnos con la esposa y de aleccionar al manipulador.

Y entonces y sólo entonces estaremos listos para la quinta fase, que consiste en **denunciar, atacar y erradicar**. ¿Te das cuenta, Mujer, de lo mal que funcionamos en general? Pienso que los españoles en particular, tendemos a entrar en esta quinta fase a saco, sin haber pasado por ninguna de las cuatro anteriores ni siquiera de puntillas. ¿No es ésta la mejor **manera de entrar en guerra**, en confrontación? ¿No es así como la rabia es vista como agresividad y falta de respeto? Te cedo la palabra, querida amiga, para que nos ilustres, pues tus orígenes sefardíes y tu internacionalidad nos pueden ayudar mucho a cabrearnos, ¡pero a cabrearnos bien! ;-)

Mujer: Acepto encantada tu invitación, amigo Hombre, si me prometes apear el trato de "malditos cretinos" que dices que sois —ya que supongo que tuviste la bondad de excluirme de tu enjuiciamiento colectivo ☺. Pues una cosa es reaccionar y sanear, buscando unanimidad, y otra cosa impedirla al enjuiciar y patear el auto-aprecio del colectivo, ¿no? Y sí, como bien recalcas, es tu españolidad la que se ha expresado por boca de este -sin embargo- intachable caballero español que eres.

Ahora, hablando más en serio, has hecho un análisis espectacular del proceso distorsionado y de sus peligros, Hombre. Y es cierto que, en España, así como en todos los países de tipología Reveladora (como EE.UU., Méjico, Israel, Grecia), la falsa rabia de arrebato destructivo y acusador (es decir, paranoico), no sólo se dispara donde tú dices —en la segunda fase del proceso de justicia- sino que remplaza -las más veces con desparpajo y mejor conciencia- la tristeza —comiéndose todos sus procesos, obviamente-. Es **la cultura del pataleo y del desahogo, una cultura cuyo valor supremo consiste en buscar culpables y en evitar soluciones, pues de lo contrario ¿a quién podríamos acusar de nuestra paranoia?** En vez de pensar, se busca un "sí... pero" a oponer al animoso que se atreva a encontrar soluciones y se tacha de templa-gaitas a todo aquel que no salte y golpee primero y perciba de qué va su cabreo, después. Al no encontrarlo, no te preocupes, amigo, pues en vez de asumir la tristeza de haberse equivocado o de haber dañado, siempre se podrá volver a sentir rabia, pero más aguda y agresiva, ya no sólo contra el "p... objeto" de indignación anterior, sino contra la "p... vida" o, dando el Do de pecho, contra Dios, con la expresión tan común "me c... en Dios".

Mientras tanto los manipuladores, los mafiosos, los esquilmado-res se frotan las manos, porque ¡ni circo necesitan dar a quienes quitan el pan!, pues el circo lo crean las víctimas y gratis, olvi-dando exigir pan. ¡Un chollo en verdad! Incomodo, ruidoso, pero chollo al fin. Pues **inhibe la juventud de un país a quien jamás se le permite salir de adolescencia**.

Y de lo que indicas en **movilizar**, además del Rector y del Sinte-tizador, se movilizan las cuatro estructuras y en este orden de urgencia: Vitalizador, Orientador, Transformador y Protector. Sí, pues el Vitalizador es lo más importante para detectar mentiras y asumir rabia **justa**; el Orientador que sabe verdades y se rego-cija con ellas, es el mayor limpiador e iluminador natural de las turbias zonas del mal en acción; el Transformador, pues la rabia tiene como función aportar nuevos y mejores valores y éstos deben servir cuanto menos a que nos sintamos más orgullosos de nosotros mismos , y no avergonzados de arrebatos e injusti-cias, y el Protector nos sirve para garantizar al amor por la vida, la repugnancia a destruirla.

Y para los compatriotas que nos larguen, en vez del miedo a dañar y de la tristeza de aprender y rectificar, el consabido: "¡Qué rollo este proceso interminable, y a eso lo llaman esta gente –se refieren a nosotros ¿sabes?- vitalidad!" les responderé el "vísteme despacio que tengo prisa", pues tengo que precisar dos cosas:

La primera es que, por supuesto, cuando has estado toda la vida haciendo el paripé de la rabia sin darle cabida, ni sentirla ni expresarla como una persona culturizante, debes aprender a re-andar el camino y a ser un saneador. Y cuesta rectificar. Descubres que, antes, jamás sentías rabia auténtica sino afán destructor y que hay más de un 75% de posibilidades de que hayas estado expresando así tu desconectado y cada vez más hipotecado talento relativo potencial.

Pero –y es lo segundo- cuando te das cuenta de que erradicas la posibilidad de sentir culpa y desánimo y sales de ello lleno de vitalidad, justo y habiendo aportado más sentido de unión al cuerpo social saneado, te das cuenta de que has economizado el 99% de tu tiempo que antes dilapidabas en acusaciones seguidas de patéticas justificaciones, de disculpas y de culpas justificadas.

Pero lo más importante de este paso "movilizar" es que **el simple hecho de sentir RABIA EN TIEMPO REAL –es decir en la cuarta fase del proceso- nos aporta automáticamente la energía saneadora de MOVILIZAR nuestros ejércitos interiores para el próximo paso.**

Y ahora entramos en la quinta fase del proceso de justicia: **denunciar, atacar y erradicar.**

La denuncia es la manifestación personal o colectiva de la indignación ante causas de rabia legítima, ya sean éstas atropellos, maltratos, abusos, mentiras o manipulaciones. Pero intentaré ir la raíz de este mal. Podríamos afirmar que **cada vez que intentamos CONGELAR el fluir de la vida en un estatus-quo de inmovilismo, estamos en una intentona de congelar las relaciones sociales y de transformarlas en relaciones de poder, anulando así la función misma de la justicia que es al fin y al cabo un simple medio al servicio de su fin: la transformación, el crecimiento y la potencia en la manifestación del ser (individual o social)**, es decir, en palabras simples: **toda vez que cualquier emoción actuada plenamente por su estructura en orden y también plenamente energetizada no sirva a favorecer y garantizar la siguiente, estamos revirtiendo la potencia al servicio de su negación misma: el poder**. Nos estamos mintiendo, y estamos mintiendo, lo que equivale a decir que nuestra conducta es causa de rabia. Y no hay más. Siempre encontraremos la misma LEY. **Y aquí, la emoción que toca es miedo y no rabia. Miedo a negar, dañar y congelar el fluir de la vida.**

Y es esa raíz podrida la que hay que denunciar. **La denuncia entonces ha de ser enérgica contra lo que se desea erradicar y suavísima con el ser, con el auto-aprecio del otro**. Pues más vale someterse que dañar una sola célula viva de lo que hemos de denunciar. La denuncia es siempre contra el hecho delictivo, no contra el ser del otro ni contra el ser propio. Tan es así, que los que desean seguir engañando te toman muchas veces por alguien que se ha equivocado y tiene la soberbia de no admitirlo. Me explico: denuncias la conducta, la mentira –la mentira es la palabra clave, pues toda manipulación reposa sobre una mentira y querer congelar el fluir de la vida también reposa sobre otra aún más patética pues vendría a hacer creer que las leyes las controlas tú, y no que controlan y rigen tu orden interior-, no denuncias el ser. El sistema judicial y policial americano lo muestra muy bien en las películas de buenos policías, detectives y agentes especiales de seguridad. El sistema judicial reposa en teoría sobre esto: la garantía de la presunción de inocencia. Aunque estemos denunciando un asesino en serie, debemos denunciar hechos, y aportar pruebas antes de pasar al siguiente paso: atacar.

Y mostraré que el cuerpo, ya que **la rabia rige la corporalidad, funciona normalmente así cuando el cuerpo está sano.** Diagnostica el agente patógeno con el sistema inmunológico, o sea con miedo. Analiza el daño y sus causas, con el sistema linfático, o sea con la tristeza. Aísla y cerca lo infeccioso o debilitante y concentra sus ejércitos para que luego ataquen al agente preciso, no a todo el cuerpo, pues entonces ninguno de nosotros estaría en vida, ni mucho menos, sano.

Y no es cuestión de "mano izquierda", no, pero sí de forma, pues justamente **la rabia rige la corporalidad, o sea, todas las formas**. Y por eso la expresión de la rabia ha de ser "ASÍ NO…, ASÍ SÍ". Es la forma la que va a regir lo apropiado, pues **la nueva forma prefigurará un nuevo orden ulterior y le dará salud para que éste se consolide orgánicamente**. Si te fijas bien, en nuestros seminarios, jamás buscamos la famosa y manida "catarsis", ese desparrame de emociones infladas, no dirigidas ni eficaces, y, en todo caso, vergonzantes. Podemos sentir y expresar verdades y hechos terribles que nadie se atreve a evidenciar de raíz, pero sin dejar de ser cultos, veraces, vitales. **El objetivo de la rabia y de la justica es el de hacer surgir una nueva forma de la antigua que nos quedó estrecha, como un traje de niño que crece. A eso se le llama cultura.** Y SI LA DENUNCIA EN SÍ NO ES TODA UNA LECCIÓN DE CULTURA CARNALIZADA, ES MEJOR SILENCIARLA PORQUE ES FALSA … Y sólo busca el poder para esterilizar la potencia.

Obviamente, todo esto implica que la expresión de la denuncia sea enérgica. Eso, por si se me entiende al revés. Espero haber mostrado lo esencial de este tema.

El **atacar**, entonces es más fácil de entender. Atacaremos al agente infeccioso, no al tejido total donde éste se está cebando. No vamos a hacer radioterapia convencional, matando el tejido completo y no sólo al agente. Pues el agente, muy listo, va a concluir –muy acertadamente- que como hacemos pagar a justos y a víctimas por pecadores y hay más justos que criminales, todo el cuerpo es suyo y entonces viene la metástasis, y en un cuerpo social, la guerra.

Erradicar amerita el haber hecho bien todo lo anterior. Pues si no, vamos a lo odioso: al pulso, a echar pulsos a ver quién tiene más fuerza, para convertirla en poder. Erradicar es, tras haber hecho con limpieza de corazón, con inocencia y lozanía, todo lo anterior, haber inyectado al tejido sano, antes debilitado, mejores valores, más cultura, más energía, más fuerza y haber hecho de éste algo tan lozano y vital que a nadie se le podría ocurrir creer que puede meter en él más mentiras -ni, por supuesto, las mismas mentiras que enfermó al tejido-, extraer lo reductor que enferma.

Bien, creo que todo esto, formulado como está, amerita ejemplos, eso para evitar que animosos califiquen el proceso de "utopía". Nos dirán que sólo los ángeles funcionan así y les responderemos que sí, que eso es muy cierto y que los llamados ángeles lo son porque se han entrenado a funcionar así y no, al revés, que funciona así porque son ángeles. Y no de Charlie precisamente, aunque tampoco lo hacen del todo mal.

Tomemos dos ejemplos, si quieres, Hombre: Por un lado, volvamos al ejemplo anterior del esposo manipulador y culpabilizador de nuestra amiga. Y por otro, pongamos el ejemplo de la cultura de hoy en día, que atribuye, como requisito de la juventud, el orgullo y no la rabia.

Tras movilizar nuestra energía auténtica y limpia para ser lo más justos posible y lo más imparciales y ecuánimes, creo que lo más compasivo y amistoso es esperar a que el esposo de la amiga rectifique por sí mismo. Si, pasados algunos días, no vienen disculpas espontáneas, convendría preguntar a nuestra amiga si hemos hecho algo malo para haber sido agredidos por su esposo. Así podríamos ver también si nuestra amiga percibió algo raro. Una vez aclarados y ratificados los hechos, avisar al esposo de que hemos perfectamente visto e interpretado su conducta, (absteniéndonos de salvar a nuestra amiga de la manipulación que ella también haya podido sufrir). Hablaremos sólo en nuestro nombre, salvo si nuestra amiga se ofrece a preguntar a su esposo porque ella también percibió la agresión personal de la cual fue víctima. Si esto es así, avisar a nuestra amiga que los hechos no van a cambiar, que no son ellos los que están en tela de juicio y que sólo aceptamos esta ayuda si significa una ayuda para ella más que para nosotros. Lo cual presupone, desde luego, que ella se haya dado cuenta de todo.

Si recibimos justificaciones y no correcciones y disculpas de nuestro -antaño- amigo, hemos de denunciar, atacar y erradicar las mentiras. Así que escribiremos o veremos al esposo y de-nunciaremos los hechos. Si intenta justificar y culpabilizar a la esposa o a nosotros, atacaremos las causas de la conducta dolosa: mostraremos que es una real y total inversión, cons-ciente –ya que se agravó el problema con justificaciones y más manipulaciones- debidas a los celos, a la envidia, y al narcisismo que lo impulsó a querer presentarse como el botín y el premio por el cual los que sí merecemos amistad tendríamos que pe-lear, y que lo que evidencia es que merece convertirse, mientras no erradique estas mentiras de sí-mismo, en sólo una relación amistosa y cordial, como "esposo de" una amiga de verdad. Y que está en sus manos volver a ser el de antes, pero en mejor, pues con valores más éticos, porque si no, es que no existe ni miedo ni tristeza en él. Y como vamos a mantener a rajatabla estas decisiones y mostraremos que siempre estaremos abiertos a disfrutar juntos de una amistad verdadera, habremos erradi-cado la mentira, tanto en el otro -que ya no nos la va poder colar- como en nosotros, ya que dejaremos de descalificar los muchos estímulos de falsedad y de notas chirriantes que antes fingíamos ignorar por amor a nuestra amiga. O, simplemente, porque no nos correspondía alertarla si ésta no se había quejado antes y solicitado nuestra ayuda. Y el resultado será más lozanía y mejor y más limpia amistad con nuestra amiga. Así como todo el tiempo del mundo al esposo, para que rectifique. Si lo desea, claro está.

En el caso del orgullo falso que se impone a la juventud -¡como si la base de éste (la rabia) ya no fuera todo un programa y un ideal cultural!- creo que ya lo hemos analizado con creces y, si te fijas bien, en ordenada secuencia natural. Pues acabamos, al final de este proceso, proponiendo valores y energía en esta etapa, denunciando formas y modos viciados para exterminar y otros más sanos para remplazar- y así poder sacar de raíz la matriz de los engaños.

Así **se verifica que todas las manipulaciones son mentiras pues el que te manipula con miedo es aquel que te está dañando por elección libre y desea que tú cargues con su miedo. El que te culpa es, como bien señalas, el que te está agrediendo y el que acusa al bien de ser causa del mal. El que te soborna es el que vendió su propia alma, calculó estúpidamente tu precio, pues lo hace proyectándose y calculando que vales menos que el que se vendió y así, te ofrece un precio que ¡ni él! aceptaría...**

¿Te animas, socio Hombre a cerrar este proceso maravilloso de justicia en acción, con la última fase que significará la cuna para edificar nuestra edad madura?

Hombre: ¡De cabeza, Mujer! ¡De cabeza me lanzo pues sé que me corregirás o matizarás en caso necesario!

Me maravilló tu intervención y, si me lo permites, haré un comentario sobre la misma antes de entrar en la sexta y última fase. Ante las palabras "denuncia, ataca y erradica", que uno, español, imagina como violentas y cargadas de ira, describes un proceso de cirugía fina súper respetuosa con el ser. Y me encanta. Con tanta noticia violenta en los telediarios donde las denuncias se presentan acompañadas de huevos podridos, los ataques se hacen a pedradas contras las fuerzas del orden público y las erradicaciones se entienden como la liquidación del todo -si es con fuego, mejor-, el sentir que la denuncia debe ser realizada sólo y exclusivamente a la parte denunciable, respetando escrupulosa y, hasta, amorosamente el resto, que el ataque debe realizarse sólo a la parte denunciada y la erradicación igual, saneando y llevando más vida exclusivamente a la parte enferma, me reconcilia con la misma rabia y me hace ver lo injusto que soy a veces y lo primitivo que me siento. Sabes, Mujer, que no soy en absoluto violento, mas hoy es el día que desato el nudo entre rabia y violencia. ¡Gracias, guapa!

Así sí que podemos entrar en la sexta y última fase para acabar de demostrar que el proceso de rabia-justicia es sano, vitalista, vigorizante Y respetuoso Y sensible Y amoroso. Y sobre todo, lo único que puede diluir y disolver la guerra, la confrontación, el pataleo, el resentimiento y la violencia. Pues esta sexta fase consiste precisamente en **diluir** y **disolver**.

Diluir al enemigo que cada cual lleva dentro, la parte podrida, mentirosa, manipuladora y disolver la mentira. Es necesario que sea en este orden pues primero debemos diluir al agente patógeno en la corriente de la vida y de la verdad para, una vez desaparecido, poder disolver el producto del mismo, la mentira. En el terreno de lo social, si esto lo hacemos bien, conseguiremos que la mentira, como ente, desaparezca y nadie se explique cómo pudo existir durante tanto tiempo. Por ejemplo, cuando se disolvió la mentira de que la mujer no tenía capacidad racional como para tener el derecho al voto, o cuando se disolvió la mentira de que hay seres humanos que no son tan humanos y que por tanto, nacieron para ser esclavos sin derechos.

¿Y cómo se consigue diluir primero y disolver después? Pues como ya vienes apuntando, Mujer, esto lo conseguiremos sólo proponiendo el ASÍ SÍ, es decir, proponiendo unos nuevos valores y una nueva cultura que haga al mentiroso o manipulador diluir sus actitudes por inoperantes y que haga que las mentiras, ya erradicadas en la fase anterior, se disuelvan por inexistentes.

Me parece que aquí **la clave es dejar inoperativo el mecanismo de la mentira y de la manipulación pues ya no colará dentro del nuevo escenario**. De hecho, será visto como algo "demodé" y anacrónico. Sin necesidad de hacer nada más que, valga la redundancia, poner en valor los nuevos valores. Eso es diluir. Y **la mentira en sí será vista por todos como una estupidez**, pues eso es la mentira cuando se la desprovee de culpas, de sobornos y miedos, que se desvanecen en el nuevo escenario. Una soberana estupidez. Y eso es disolver.

En el ejemplo que has puesto sobre el presunto amigo manipulador, una vez denunciado él, atacada su parte manipuladora, y erradicada la mentira, cabe esperar que el manipulador no sólo deponga su actitud al comprobar lo maravilloso que es vivir con normalidad sin creerse botín de nadie, deshaciéndose nudos que no le llevaban a nada, sino que además, al interiorizarlo y procesarlo, lo agradezca y se convierta en adalid de esa normalidad. En caso contrario, pasará a ser visto, en los momentos en que quiera manipular, en una grotesca caricatura de la mentira disuelta.

Y es que, al mentiroso, dentro de ese nuevo orden que vamos creando al aplicar el proceso, se le queda la misma cara que se les quedó a los feligreses del chiste:

> "*El cura está dando misa y va a empezar su sermón:*
> *-Hermanos, hoy vamos a hablar de la mentira y de los mentirosos.*

> *Tras un breve silencio, dice:*
> *-¿Cuantos de vosotros recordáis lo que dice el capítulo 32 de San Lucas?*
> *Todo el mundo levanta la mano y entonçes el cura continúa tranquilamente:*
> *-Bueno, pues a eso me refiero: El evangelio de San Lucas solo tiene 24 capítulos..."*

¿Crees, Mujer, que así quedó claro el cierre del proceso? Una vez disuelta la mentira, ya dispondremos de la energía que se empleaba en proponer nuevos valores y una nueva cultura y de energías nuevas surgidas del proceso para crecer y crear, pasando a la siguiente etapa de la vida. ¿Está así nuestro joven preparado para madurar?

Mujer: Has expresado rotundamente el último proceso, querido Hombre. Sólo añadiría algo más: creo, sólo creo, no estoy segura, que para las pequeñas cosas el proceso, en su última fase, se presenta tal y como lo explicas. Cuando digo pequeñas cosas, puede ser traiciones, ofensas, mentiras, que, en el momento pueden escocer o hasta quemar, pero que, con la distancia, se diluyen por sí solas. En esa categoría pueden entrar cosas muy gordas, como la infidelidad conyugal que provoca un divorcio como respuesta. O como la traición o deslealtad de un amigo.

Pero para las grandes cosas, el proceso puede parecer al revés, aunque de hecho es sólo **una ida y vuelta más radical del úl-**

timo paso, justamente para extirpar lo muy malo: te doy dos ejemplos personales. Mi padre era maravilloso, todo un Señor, pero hombre de su tiempo en lo malo, muy machista. Y mi madre era también extraordinaria, pero bastante narcisista y como Constructora al fin, envidiosilla. Y yo, como bien sabes, aunque muy crecida, y justamente por eso, soy muy obediente y también soy muy romántica. Entonces, a la hora de elegir una pareja nueva, hay un miedo a desobedecer a mi padre y a considerar válidos candidatos que él no habría querido para mí. Al tiempo, hay algo idealista y soñador aún vivo en mí, que soñaría con que mi padre fuera el padre ideal y me elija él mismo al hombre de mis sueños en vez de oponerse sordamente dentro de mi psique si el hombre en cuestión le pudiera haber hecho sombra. Y a la hora de tener éxito profesional y económico, hubiera sentido más fuerza e impulsos para lograrlo si hubiese sentido dentro de mí, el orgullo y felicidad de mi madre.

Entonces, aquí se trata de diluir en lo otro, en el entorno, y disolver hacia adentro para terminar. Pero esto, se puede y debe hacer como colofón, tras haber hecho todo al derecho primero. Me explico: si el peso de la opinión de un hombre muerto hace ya casi medio siglo se pone en un líquido donde entra el peso de lo justo, de lo ético, de los tiempos actuales, de mi anhelo y derecho de lograr lo que merezco y quiero, la densidad de los recelos o prohibiciones paternos se tornan imperceptibles y mi fuerza y vitalidad muy grandes. Y luego, sólo tendré que disolver en mí los remanentes de frustración o de tristeza de la niña que fui y que ya no soy. Lo mismo con mi madre. Entonces ya me sentiré lista y con todo el derecho de elegir y de conquistar lo mío. Así estaremos preparados para efectuar un salto hacia un mejor y más esencial crecimiento de nuestro ser. Y así nos adentramos en nuestro próximo empeño: ser una criatura madura, de entre 40 y 59 años. ¡Vamos allá, querido socio!

METODOLOGÍA MAT DE JUSTICIA

FIN DEL TOMO 1